Stanislav Chernyshov
Alla Chernyshova

LET'S GO!

RUSSIAN FOR ADULTS. A COURSE FOR BEGINNERS

WORKBOOK

Bergstrom Press
Kensington, Maryland

2022

1.1

Chernyshov, S.I., Chernyshova, A.V.
Let's go! Russian for adults. A course for beginners : workbook. Part 1.1. — 1st US Printing.— Kensington, MD. Bergstrom Press, 2022. — 160 p.

Publisher of US Edition: James Beale
Editor-in-Chief: A.V. Golubeva
Editor: M.O. Nasonkina
Proofreaders: O.M. Fedotova, O.S. Kappol'
Layout: L.O. Pashchuk
Illustrators:
K. Pochtennaia, I. Salatov, N. Rozental'
Photographs: © Dreamstime.com, © Depositphotos.com
Cover art: OOO RIF «Д'АРТ»

The beginner's Russian language course is comprised of two parts (1.1 & 1.2). It is designed for an average of 80-120 hours of classroom instruction. Each part includes a textbook, a workbook (with keys to the exercises), and an audio component. QR-codes with links to the appropriate audio recordings are placed in the text of the books.

The objective of the course is to ensure the rapid output of language material into speech based on interconnected learning of all types of speech activity.

A video course with methodological recommendations for the teacher is available on the author's website.

Upon completion of textbook levels 1.1 and 1.2, it is recommended to continue with the books «Поехали! Русский язык для взрослых. Базовый курс» (2.1. и 2.2).

The authors' webinar is available to watch online:
https://www.youtube.com/watch?time_continue=27&v=KsRcxhnajnk.

ISBN 978-0-9971475-7-5

Preparation of the original design: Zlatoust Publishing House.

Bergstrom Press is a publisher and distrbutor of language study materials for Russian, Ukrainian and other East and Central European languages.
Bergstrom Press
10425 Fawcett ST
Kensington, MD 20895 USA
https://www.bergstrompressbooks.com
books@bergstrompress.com

СОДЕРЖАНИЕ

1

здравствуйте / *здравствуйте*

до свидания / *до свидания*

извините / *ничего*

пока мама / *пока*

привет, я Марк / *привет, я Лера*

привет Марк как дела? / *спасибо, хорошо*

спасибо / *пожалуйста*

Здра́вствуйте! Приве́т! До свида́ния! Пока́! Извини́те!
Спаси́бо! Пожа́луйста! Ничего́!

2

Это дом.

Это женщина

Это сумка

Это книга

Это мужчина Это машина Это семья Это магазин

Это школа Это учитель Это кот Это собака

3 Он, она или оно?

ОН (m.)	ОНО́ (n.)	ОНА́ (f.)
класс	мо́ре	кни́га
телефо́н	музе́й	пробле́ма
па́па	ночь	су́мка
мужчи́на	па́спорт	студе́нтка
дом	парк	спортсме́нка
бизнесме́н	кафе́	же́нщина
клие́нт	метро́	тури́стка

кни́га, мо́ре, класс, пробле́ма, телефо́н, па́па, па́спорт, су́мка, мужчи́на, музе́й, метро́, семья́, дом, студе́нтка, журна́л, бизнесме́н, ночь, парк, кафе́, тури́стка, клие́нт, спортсме́нка, рестора́н, же́нщина, магази́н

4 Он / она?

ОН (m.)	ОНА́ (f.)

Евро́па, Пари́ж, Амстерда́м, Ита́лия, Мила́н, Аме́рика, Лос-А́нджелес, А́зия, Шанха́й, Кита́й, Росси́я, Сингапу́р, Австра́лия, Петербу́рг, А́фрика

5

Иван — *Миша* ~~Ваня~~ Владимир — *Валёдя*
Алексей — *Лёша* Евгений — *Женя*
Дмитрий — *Дима* Александр — *Саша*
Пётр — *Петя* Константин — *Костя*
Михаил — *Миша* Николай — *Коля*

~~Миша~~, ~~Дима~~, ~~Володя~~, ~~Лёша~~, ~~Костя~~, ~~Женя~~, ~~Петя~~, ~~Коля~~, ~~Ваня~~, ~~Саша~~

Мария — *Маша* Екатерина — *Катя*
Ольга — *Оля* Татьяна — *Таня*
Елена — *Лена* Ирина — *Ира*
Александра — *Саша* Евгения — *Женя*

~~Катя~~, ~~Маша~~, ~~Таня~~, ~~Оля~~, ~~Лена~~, ~~Женя~~, ~~Ира~~, ~~Саша~~

6

Он / она?

ОН (m.)	ОНА́ (f.)	ОН = ОНА́
Миша		

Ма́ша, ~~Ми́ша~~, Ди́ма, Ле́на, Алёша, Ко́ля, О́ля, Ко́стя, Ва́ня, Та́ня, Же́ня, И́ра, Воло́дя, Пе́тя, Ка́тя, Са́ша

7

Кто это? или Что это?

Что это — Это ресторан. *Кто это* — Это директор.
Кто это — Это клиент. *Кто это* — Это папа.
Что это — Это пицца. *Что это* — Это парк.
Что это — Это машина. *Что это* — Это метро.
Что это — Это университет. *Кто это* — Это фотография.
Кто это — Это профессор. *Кто это* — Это собака.

Модель:

Э́то такси́? — Да, это такси.
Э́то такси́? — Нет, это таксист.

Э́то кот?

Нет, это
собачка

Э́то мужчи́на?

Нет, это
же́нщина

Э́то же́нщина?

Нет, это
мужчи́на

Э́то компью́тер?

Нет, это
кни́га

Э́то дом?

Нет, это
маши́на

Э́то семья́?

да, это
семья́

Э́то рестора́н?

да, это
семья́

НОВЫЕ СЛОВА

♥ _____ 💔 _____

_____ _____

_____ _____

_____ _____

_____ _____

_____ _____

_____ _____

_____ _____

_____ _____

1 Смотрим в Интернете на карту города и показываем, где эти объекты в вашем городе.

Модель: — Что э́то?

Это дом.

Это ресторан

Это парк

Это школа

Это университет

Это отел

Это метро

Это магазин это музей

Это учитал

Это театр

Это банк

Это кафе

Это кинотеатр

Это фитнес-клуб

Это банкомат

Это аптека

Это супермаркет

2

Модель: Где телефо́н? — Вот он.
Где кни́га? — Вот она.
Где окно́? — Вот оно.

1. Где па́спорт? — вот он
2. Где студе́нт? — вот он
3. Где стол? — вот он
4. Где су́мка? — вот она
5. Где ви́за? — вот она
6. Где тури́ст? — вот он
7. Где журна́л? — вот он

8. Где маши́на? — вот она
9. Где пробле́ма? — вот она
10. Где студе́нты? — вот оно
11. Где сло́во? — вот оно
12. Где туале́т? — вот он
13. Где ла́мпа? — вот она
14. Где мужчи́на? — вот он

3

Я

Вы

Он

Модель: я + ты = мы

ты + ты =
он + я =
он + она́ =

вы + я =
она́ + я =
вы + вы =

ты + он =
ты + вы =
оно́ + оно́ =

Урок 3

4

СПРАШИВАЕМ: «КТО ЭТО?» / «КТО ОН / ОНА?» — И ОТВЕЧАЕМ.

RESUME
архитектор
Светлана

RESUME
инженер
Максим

RESUME
маркетолог
Александр

RESUME
ветеринар
Ольга

RESUME
арт-директор
Кирилл

RESUME
юрист
Анастасия

RESUME
продюсер
Полина

RESUME
психолог
Ксения

RESUME
тренер
Артём

5 Профессии. Читаем таблицу. Делаем группы:

Университе́т
профессор
студент
учительница

Би́знес
директор
менеджер
секретарь
администратор
программист
бизнесмен *экономист*

Спорт
спортсмен
футболист
теннисист

Иску́сство Art
~~дизайнер~~ *дизайнер*
инструктор

Рестора́н
официант
повар
бармен

Медици́на medicine
врач
консультант

Массме́диа
актриса
журналист
фотограф
музыкант
композитор

ОН	ОНА́
студе́нт	студе́нтка
учи́тель	учи́тельница
спортсме́н	спортсме́нка
тенниси́ст	тенниси́стка
журнали́ст	журнали́стка
официа́нт	официа́нтка
актёр	актри́са

ОН = ОНА́		
дире́ктор	врач	аге́нт
ме́неджер	программи́ст	консульта́нт
секрета́рь	профе́ссор	диза́йнер
администра́тор	бизнесме́н	фото́граф
футболи́ст	экономи́ст	инстру́ктор
	по́вар	компози́тор
		музыка́нт
		ба́рмен

НОВЫЕ СЛОВА

1 🔑

Я – ты – он/она – мы – вы – они:

ты делаешь, они делают, он делает, мы делаем, я делаю, вы делаете;
они отдыхают, мы отдыхаем, он отдыхает, ты отдыхаешь, вы отдыхаете,
я отдыхаю;
он работает, я работаю, мы работаем, они работают, ты работаешь,
вы работаете;
вы слушаете, ты слушаешь, они слушают, я слушаю, мы слушаем, он слушает

я ем

2 🔑

-ю/-ешь/-ет/-ем/-ете/-ют:

ты зна**ешь**, вы зна**ете**, он зна**ет**, они зна**ют**, я зна**ю**, мы зна**ем**
она игра**ет**, мы игра**ем**, я игра**ю**, они игра**ют**, ты игра**ешь**, вы игра**ете**
мы дума**ем**, ты дума**ешь**, они дума**ют**, я дума**ю**, вы дума**ете**, он дума**ет**
они чита**ют**, я чита**ю**, вы чита**ете**, ты чита**ешь**, он чита**ет**, мы чита**ем**

3 🔑

Модель:

Собака _____ . ⇨
Собака слушает.

Кошка ~~играет~~.
играет

Турист *смотрит* город.

Компьютер *не работает*

Секретарь *делает* кофе.

Мы *изучаем* русский язык.

Студенты *отдыхают*

4 ПИШЕМ, ПОТОМ СЛУШАЕМ:

WB01

1. — Ты игра*ешь*?
— Нет, я не игра*ю*. Я рабо́та*ю*. Я программи́ст.

2. — Ты слу́ша*ешь* рэп?
— Нет! Ты зна́*ешь*, что я не слу́ша*ю* рэп.
Я слу́ша*ю* рок!

3. — Вы отдыха́*ете*?
— Нет, я рабо́та*ю*. Я музыка́нт. Я игра́*ю*, а вы слу́ша*ете* и отдыха́*ете*
— Понима́ю. Вы хорошо́ игра́*ете*

4. — Я не понима́*ю*, что вы де́ла*ете*.
— Что я де́ла*ю*? Я фило́соф. Я ду́ма*ю*!

5. — Что вы де́ла*ете*? Вы чита́*ете* ко́миксы?
— Коне́чно, нет. Мы студе́нты. Мы изуча́*ем* ру́сский язы́к.

5

Я студе́нт.
Я не рабо́таю и не отдыха́ю.
Я изуча́ю ру́сский язы́к:
я чита́ю и ду́маю.
Я не понима́ю, что чита́ю.
Я не зна́ю, что де́лать!

А СЕЙЧАС ВАША ИСТОРИЯ.

Модель: Я _____ рабо́таю. ⇨ Я работаю. / Я **не** работаю.

Я _____ .
Я _____ рабо́таю и _____ отдыха́ю.
Я _____ изуча́ю ру́сский язы́к: я _____ чита́ю
и _____ ду́маю.

Я _____ зна́ю ру́сский язы́к.
Я _____ понима́ю, что чита́ю.
Я _____ зна́ю, что де́лать!

6

1. Что ты _____ (читáть)?
2. Аллó! Я _____ (слýшать)!
3. Что вы _____ (изучáть)?
4. Телефóн не _____ (рабóтать).
5. Мы не _____ (понимáть), что они́ _____ (дéлать).
6. Где ты _____ (рабóтать)?
7. Мýзыка _____ (игрáть), а мы _____ (слýшать).
8. Где вы _____ (отдыхáть)?
9. Инженéр _____ (дéлать) проéкт.
10. Я не _____ (знать), кто вы.
11. Студéнтка _____ (читáть) и _____ (дýмать).
12. Ты _____ (понимáть), как э́то _____ (рабóтать)?

НОВЫЕ СЛОВА

♥ _____

_____

_____

_____

_____

_____

_____

_____

_____

_____

_____

_____

_____

💔 _____

_____

_____

_____

_____

_____

_____

_____

_____

_____

_____

_____

_____

УРОК 5

1

Я — ты — он/она — мы — вы — они:

обéдать
ОН обéдает; МЫ обéдаем; Я обéдаю; ОНИ обéдают; ВЫ обéдаете; ТЫ обéдаешь

спрáшивать
ВЫ спрáшиваете; Я спрáшиваю; ОН спрáшивает; МЫ спрáшиваем; ОНИ спрáшивают; ТЫ спрáшиваешь

гуля́ть
ТЫ гуля́ешь; ВЫ гуля́ете; Я гуля́ю; МЫ гуля́ем; ОНИ гуля́ют; ОН гуля́ет

2

-ю/-ешь/-ет/-ем/-ете/-ют:

зáвтракать
они́ зáвтракаЮТ, вы зáвтракаЕТЕ, ты зáвтракаЕШЬ, я зáвтракаЮ;
мы зáвтракаЕМ; онá зáвтракаЕТ

ýжинать
онá ýжинаЕТ; я ýжинаЮ; вы ýжинаЕТЕ; ты ýжинаЕШЬ они́ ýжинаЮТ;
мы ýжинаЕМ

плáвать
онá плáваЕТ; я плáваЮ; вы плáваЕТЕ, ты плáваЕМ они́ плáваЮТ;
мы плáваЕМ

изучáть
онá изучáЕТ; я изучáЮ; вы изучáЕТЕ, ты изучáЕШЬ они́ изучáЮТ;
мы изучáЕМ

3

СМОТРИМ НА КАРТИНКИ И ПИШЕМ:

Пингви́н плáвает .

Собáка и мужчи́на гуля́ют .

Тури́ст ду́мает .

Рóбот не зáвтракает .

Учи́тель говори́т .

Студéнты чита́ют .

4

1. Где вы плáваете (плáвать)?
2. Онá не зáвтракает (зáвтракать).
3. Где мы ýжинаем (ýжинать)?
4. Что ты чита́ешь (читáть)?
5. Где они́ гуля́ют (гуля́ть)?
6. Мы обéдаем (обéдать).

16

7. Я *спрашиваю* (спра́шивать), что вы *делаете* (де́лать).

8. Ты не *отвечаешь* (отвеча́ть)!

9. Мы не *гуляем* (гуля́ть), мы *работаем* (рабо́тать).

10. Я *спрашиваю* (спра́шивать), а вы *отвечаете* (отвеча́ть).

5   Я — ты — он/она́ — мы — вы — они́:

по́мнить

Ты по́мнишь; *Мы* по́мним; *Они́* по́мнят; *Я* по́мню; *Вы* по́мните; *Он* по́мнит

смотре́ть

Мы смо́трим; *Я* смотрю́; *Вы* смо́трите; *Ты* смо́тришь; *Они́* смо́трят; *Он* смо́трит

6   -ю/-ишь/-ит/-им/-ите/-ят:

говори́ть

вы говор*ите*; она́ говор*ит*; я говор*ю*; они́ говор*ют*; ты говор*ишь*; мы говор*им*

кури́ть

он ку́р*ит*; они́ ку́р*ют*; мы ку́р*им*; ты ку́р*ишь*; я кур*ю*; вы ку́р*ите*

7

1. Я не *по́мню* (по́мнить), кто э́то.

2. Что ты *говоришь* (говори́ть)?

3. Они́ ~~кур...~~ (кури́ть). *Ку́рят*

4. Что вы *смо́трите* (смотре́ть)? — Мы *смо́трим* (смотре́ть) фильм.

5. Вы *по́мните* (по́мнить), кто я?

6. Мы *ку́рим* (кури́ть) и *говорим* (говори́ть).

7. Вы *говорите* (говори́ть) по-ру́сски?

8. Я *говорю* (говори́ть) по-англи́йски.

8   Что кот де́лает, а что нет?

Кот не игра́ет на пиани́но.   *Кот играет теннис*   *Кот не работает*

9

Модель: говори́ть, не, я, по-ру́сски. ⇨ Я не говорю по-русски.

1. язы́к, ру́сский, мы, изуча́ть.

2. спра́шивать, журнали́сты, мно́го.

3. клие́нты, а, официа́нты, у́жинать, рабо́тать.

4. го́род, тури́сты, и, смотре́ть, гуля́ть.

5. рабо́тать, а, мы, отдыха́ть, ро́бот.

6. говори́ть, не, я, ты, понима́ть, что.

10

Модель:

Это клуб.	Там мы	отдыхаем,	говорим,	не читаем
Это теа́тр.	Там мы			
Это парк.	Там я			
Это шко́ла.	Здесь мы			
Это о́фис.	Там они́			
Это кафе́.	Здесь вы			
Это дом.	Там я			
Это кинотеа́тр.	Здесь я			
Это стадио́н.	Там ты			
Это мо́ре.	Там я			

11 **Много/мало/не:**

Модель:

Я такси́ст. Я мно́го рабо́таю. Я мно́го зна́ю и ма́ло чита́ю. Я не смотрю́ телеви́зор и ма́ло отдыха́ю.

Я _____ . Я _____ рабо́таю. Я _____ зна́ю и _____ чита́ю.
Я _____ говорю́ и _____ ду́маю. Я _____ смотрю́ телеви́зор, _____ слу́шаю
ра́дио, _____ отдыха́ю.

12 **Много/мало/не:**

Я _____ . Я _____ .
Я _____
и _____ . Я _____
_____ ,
Я _____ .

НОВЫЕ СЛОВА

♥ _____ 💔 _____

_____ _____

_____ _____

УРОК 6

1

Модель:

Али́на Заги́това, спортсме́нка ⇨
Это спортсменка.
Её зову́т Алина Загитова.

Аде́ль, певи́ца

Это _____ .

_____ зову́т _____ .

Трамп, президе́нт

Это _____ .

_____ зову́т _____ .

Том Хи́ддлстон, актёр

Это _____ .

_____ зову́т _____ .

Га́рри, принц

Это _____ .

_____ зову́т _____ .

2

Модель: Это Вáся. Я _____ знáю. ⇨ Это Вáся. Я его знáю.

1. Это актри́са. Я ~~её~~ *её* знáю.
2. Это кни́га. Мы ~~его~~ читáем. *его* *их*
3. Музыка́нты игрáют. Мы ~~его~~ слýшаем.
4. Вы профéссор? Я ~~его~~ не понимáю. *его*

5. Я актёр. Вы ~~меня~~ знáете? *меня*
6. Ты студéнт? Я ~~тебя~~ пóмню! *тебя*
7. Кто они́? Кто ~~их~~ знáет? *их*
8. Аллó! Я ~~вас~~ слýшаю. *вас*

20

3 **Модель:**

Вы _____ (я) не слу́шаете. ⇨ Вы меня́ не слу́шаете.

1. Алло́! Я *тебя* (вы) слу́шаю.
2. Ты *меня* (я) понима́ешь?
3. Кто э́то? Я *его́* (он) не зна́ю.
4. Я *тебя* (ты) спра́шиваю!
5. Как *её* (она́) зову́т?
6. Вы *её* (она́) по́мните? — Да, *её* (она́) зову́т А́нна.
7. Я *их* (они́) не понима́ю.
8. Я *вас* (вы) сейча́с не спра́шиваю.
9. Ты *меня* (я) по́мнишь? — Да, я *тебя* (ты) по́мню.
10. Как *его́* (он) зову́т? — Я не по́мню, как *его́* (он) зову́т.

4

| Я... | ⇨ А вы? | А ты? | А он? | А она́? | А они́? |

Меня́... ⇨ А _____ ? А _____ ? А _____ ? А _____ ? А _____ ?

НОВЫЕ СЛОВА

♥ ----------

💔 ----------

УРОК 7

1

Пишем формы любить:

1. Ты _любишь_ меня?
2. Я тебя _люблю_ !
3. Мы _любим_ отдыхать!
4. Он _любит_ её.

5. Не все _любят_ смотреть телевизор.
6. Студенты не _любят_ читать.
7. Что вы _любите_ ?

2

Слушаем и пишем формы любить:

WB02

1. _любишь_
2. _любите_
3. _любиет_
4. _люблю_
5. _любим_
6. _любит_

3

Модель: обе́д ⇨ обедать

работа _работать_   ужин _ужинать_   игра́ _играть_
о́тдых _отдыхать_   за́втрак _завтракать_   любо́вь _любить_

4

А) Читаем тексты.

Текст 1

Её зову́т О́льга. Она́ экономи́ст. Она́ не лю́бит рабо́тать, но рабо́тает мно́го. Она́ лю́бит отдыха́ть и смотре́ть телеви́зор. Она́ зна́ет, что И́горь её лю́бит.

Текст 2

Его́ зову́т И́горь. Он био́лог. И́горь лю́бит рабо́тать и рабо́тает мно́го, день и ночь. Он мно́го чита́ет и мно́го зна́ет. Когда́ О́льга говори́т, что лю́бит смотре́ть телеви́зор, он её не понима́ет.

Текст 3

Его́ зову́т Ди́ма. Он шко́льник. Он мно́го игра́ет и не лю́бит чита́ть. Он ду́мает, что па́па и ма́ма его́ не понима́ют.

Б) Пишем истории.

Меня́ зову́т О́льга. Я экономи́ст. _____

_____

_____

Меня́ зову́т И́горь. _____

_____

_____

Меня́ зову́т Ди́ма. _____

_____

Понимать или **помнить?**

1. Я вас слу́шаю и _____ . 2. Вы меня́ _____ ? Я Ва́ся. 3. Ты его́
_____ ? Его́ зову́т Анто́н. 4. Что они́ говоря́т? Я их не _____ .
5. Я его́ _____ , он актёр. 6. Это тури́ст. Он нас не _____ .
7. Я не _____ , как вас зову́т. 8. Я _____ , что вы спра́шиваете.
9. Я не _____ , вы рабо́таете и́ли отдыха́ете? 10. Я не _____ ,
э́то пра́вда и́ли нет?

6 **Д**ЕЛАЕМ ПАРЫ И ГОВОРИМ ПОЧЕМУ.

Лари́са.
Лю́бит дом.
Не лю́бит стресс.

Алексе́й.
Лю́бит спорт.
Не лю́бит чита́ть.

Мари́я.
Лю́бит смотре́ть сериа́лы.
Не Лю́бит говори́ть.

Кристиа́н.
Лю́бит изуча́ть ру́сский.
Лю́бит игра́ть в футбо́л.

Мари́на.
Лю́бит пла́вать.
Не лю́бит кни́ги.

Па́вел.
Лю́бит отдыха́ть.
Не лю́бит гуля́ть.

Константи́н.
Лю́бит ду́мать.
Не лю́бит говори́ть.

А́нна.
Лю́бит языки́.
Лю́бит смотре́ть футбо́л.

НОВЫЕ СЛОВА

 _____

 _____

_____ _____

1

ДЕЛАЕМ PLURAL.

-Ы	-И	-А

> магази́н, соба́ка, окно́, су́мка, клие́нт, матрёшка, сувени́р, же́нщина, банк, рубль, до́ллар, сло́во, тури́ст, оте́ль

2

Модель:

 .... — .... ⇨ друг – друзья

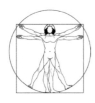 .... — ....

 .... — ....

 .... — ....

 .... — ....

 .... —  ....

 .... —  ....

3 **Модель:**

Это экономи́ст. Он рабо́тает. ⇨ Это экономисты. Они работают.

1. Это журнали́ст. Он спра́шивает. ⇨ *Это журналисты. Спрашивают.*
2. Это актри́са. Она́ игра́ет роль. ⇨ *Это актрисы. Они играют роли.*
3. Это такси́ст. Он отдыха́ет. ⇨ *Это таксисты. Они отдыхают.*
4. Это гид. Он говори́т. ⇨ *Это гиды. Они говорят.*
5. Это профе́ссор. Он чита́ет. ⇨ *Это профессоры. Они читают.*
6. Это студе́нт. Он слу́шает. ⇨ *Это студенты. Они слушают.*
7. Это студе́нтка. Она́ отвеча́ет. ⇨ *Это студентки. Они отвечают.*
8. Это друг. Он у́жинает. ⇨ *Это други. Они ужинают.*
9. Это соба́ка. Она́ гуля́ет. ⇨ *Это собаки. Они гуляют.*

4 **Модель:** слова́ — слово

магази́ны — *магазин*   дома́ — *домо*   соба́ки — *собака*
пи́сьма — *письмо*   музе́и — *музей*   де́ти — *деть*
маши́ны — *машина*   друзья́ — *друзье*   тури́сты — *турист*
сту́лья — *стулье*   острова́ — *острово*   студе́нтки — *студентка*
лю́ди — *люда*   де́ньги — *деньга*   учителя́ — *учителе*
кни́ги — *книга*   рубли́ — *рубль*   часы́ — *час*

5 **Пишем. Кто больше?**

Модель: Банк: деньги, доллары, рубли, франки, кроны, юани, йены, клиенты, кредиты, проценты…

Университе́т: *студент, профессор, библиатека, книги*
Го́род и тра́нспорт: *улица, машина, парк, школа*
Массме́диа: *телевизор, радио, журнал, фотограф*
Интерне́т: *сайт, блог, смартфон, спам.*
Профе́ссии: *врач, учитель, программист, фермер*
Рестора́н: *официант, повар, стол, стул*
Суперма́ркет: *хлеб, молоко, сыр, мясо, кофе, вода*
Те́хника: *оборудование, инструменты, механизмы*

НОВЫЕ СЛОВА

❤ ....   💔 ....

....

....

....

1

Модель: мы, кни́ги ➾ У **нас** есть книги.

я, вопро́с _____   вы, пробле́мы _____
ты, де́ньги _____   он, рабо́та _____
она́, брат _____   ты, подру́га _____
вы, друзья́ _____   мы, вре́мя _____
он, жена́ _____   я, иде́я _____
она́, муж _____   мы, секре́ты _____

2

У **него** есть гита́ра.

3

Модель: У _____ (я) есть друзья́. ➾ У меня́ есть друзья́.

1. У _____ (мы) есть учи́тель. 2. У _____ (она́) есть програ́мма. 3. У _____ (вы) есть вре́мя? 4. У _____ (он) есть план. 5. У _____ (кто) есть всё? 6. У _____ (они́) есть пробле́мы. 7. У _____ (я) есть хо́бби. 8. У _____ (вы) есть вопро́сы? 9. У _____ (они́) есть информа́ция. 10. У _____ (она́) есть друг. 11. У _____ (он) есть де́ньги и тала́нт. 12. У _____ (мы) есть рабо́та! 13. У _____ (кто) есть иде́и? 14. У _____ (ты) есть скайп?

4   **Модель:** Олéг — студéнт. Олéг не рабóтает. ⇨
Олег не работает, **потому что**
он студент.

— Почемý?

— Потомý что...

1. Мы лю́бим языки́. Мы изучáем рýсский.

2. Я мнóго говорю́. Я учи́тель.

3. Мы студéнты. Мы мнóго читáем.

4. Я не отдыхáю. Я рабóтаю день и ночь.

5. У нас есть Интернéт. Мы всё знáем.

5   **Модель:** Я не курю́. Я спортсмéн. ⇨
Я не курю, **потому что** я спортсмен.
Я спортсмен, **поэтому** я не курю.

потомý что... /
поэ́тому...

1. Я мнóго гуля́ю. У меня́ есть собáка.

2. Я не курю́. Я спортсмéнка.

3. Я не ýжинаю. Я модéль.

4. Я вас понимáю. Вы говори́те по-рýсски.

5. Я не рабóтаю. У меня́ есть всё.

6. Лю́ди меня́ слýшают. Я президéнт.

6   **Пишем:**

Меня́ зовýт _____ . У меня́ есть _____

7

Пишем истории.

У меня́ есть друг. Его́ зову́т _____ . У него́ есть _____

_____

У меня́ есть подру́га _____

_____

У меня́ есть дире́ктор _____

_____

У меня́ есть сосе́ди _____

_____

У меня́ есть _____

_____

8

Моде́ль:

1) — У меня́ ме́сто но́мер 3!
   — У меня́ **тоже** ме́сто но́мер 3!

2) Пожа́луйста, борщ и сала́т.
   А ещё блины́!

1. У тебя́ есть миллио́н, и у меня́ _____ есть миллио́н. Мы миллионе́ры.

2. О, у тебя́ есть татуиро́вка! У меня́ _____ есть тату́.

3. Вы говори́те по-ру́сски? Кла́ссно, я _____!

4. У нас есть ко́фе, а _____ у нас есть десе́рты.

5. У тебя́ есть до́ллар? Спаси́бо, а _____ оди́н есть?

6. Э́то что, пиани́но? У меня́ до́ма _____ есть пиани́но.

7. Тури́сты гуля́ют, смо́трят музе́и, а _____ они́ покупа́ют сувени́ры.

8. Я говорю́ по-ру́сски и по-неме́цки. А _____ я зна́ю ара́бский.

9. Я люблю́ гуля́ть. Вы _____ лю́бите гуля́ть?

10. — У него́ есть тала́нт! Он поэ́т, а _____ он музыка́нт!

    — Пра́вда?! Я _____ музыка́нт!

9 У вас в стране есть миллионеры? Что у них есть? Делаем презентацию:

У нас есть миллионе́р. _____ зову́т _____ .
У _____ есть _____
_____
_____ лю́бит _____ .

НОВЫЕ СЛОВА

Урок 10

Я А́лекс. Э́то мой ....

....

....

Мы студе́нты. Э́то на́ши ....

....

....

На сто́йке регистра́ции ....

....

....

Чей? Чья? Чьё? Чьи?

.... э́то вопро́с?   .... э́то маши́на?   .... э́то ребёнок?

.... э́то су́мка?   .... э́то де́ньги?   .... э́то вино́?

.... э́то часы́?   .... э́то иде́я?   .... э́то креди́тка?

WB03

1. Что вы де́лаете? Э́то .... де́ньги!   2. Пожа́луйста, ... ко́фе!

3. Я не понимаю, где _____ машина?!

4. — Это _____ собака?
— Нет, не _____!

4 **Модель:** Чья это книга? — (я) ⇨ Это моя книга.

1. Чей это телефон? — (он) _____.
2. Чей это учитель? — (мы) _____.
3. Чьи это деньги? — (не я) _____.
4. Чья это кредитка? — (не вы) _____.
5. Чьи это очки? — (она) _____.
6. Чьи это наушники? — (ты) _____.

5 **Модель:** Мой: _____ деньги. ⇨ Мои деньги.

1. Мой: _____ дом, _____ друзья, _____ семья, _____ работа, _____ дело, _____ жизнь.
2. Твой: _____ телефон, _____ визитка, _____ адрес, _____ письмо, _____ фотографии.
3. Наш: _____ страна, _____ город, _____ культура, _____ традиции, _____ время, _____ планета.
4. Ваш: _____ документы, _____ виза, _____ багаж, _____ место, _____ гостиница.
5. Это Игорь. Это _____ бизнес, _____ машина, _____ вино, _____ деньги.
6. Это Ольга. Это _____ офис, _____ работа, _____ письмо, _____ клиенты.
7. Это Игорь и Ольга. Это _____ дом, _____ машина, _____ фото, _____ дети.

6

1. — Здравствуйте, _____ документы?
— Вот _____ документы.

☐ наши ☐ ваши ☐ ваш
☐ мой ☐ мой ☐ твой

2. Ты не знаешь, где _____ багаж?

☐ наш ☐ ваша ☐ ваши

3. Я думаю, это не _____ проблема.
Это _____ проблема.

☐ моё ☐ твой ☐ моя
☐ его ☐ ваши ☐ моё

4. — Спасибо большое!
— Пожалуйста! Это _____ работа!

☐ наша ☐ наши ☐ ваша

WB04

5. Где _____ дом?

| ☐ их | ☐ мой | ☐ ваши |

Ты зна́ешь _____ а́дрес?

| ☐ их | ☐ мой | ☐ ваши |

6. — _____ э́то па́спорт?

| ☐ чей | ☐ чьи | ☐ чьё |

   — Э́то _____ па́спорт!

| ☐ мой | ☐ моё | ☐ моя́ |

     Вот _____ фотогра́фия,

| ☐ мой | ☐ моё | ☐ моя́ |

     а э́то _____ и́мя.

| ☐ мой | ☐ моё | ☐ моя́ |

7. — Э́то _____ семья́?

| ☐ ва́ша | ☐ на́ши | ☐ ва́ше |

   — Да, э́то _____ сын,

| ☐ моя́ | ☐ мой | ☐ мой |

     а э́то _____ жена́.

| ☐ моя́ | ☐ мой | ☐ мой |

8. — Э́то _____ иде́я?

| ☐ твой | ☐ твоя́ | ☐ моё |

   — Да, _____ !

| ☐ моё | ☐ твоя́ | ☐ моя́ |

   — Интере́сно…

9. Почему́ мы э́то де́лаем?

   Э́то не _____ рабо́та!

| ☐ на́ши | ☐ на́ша | ☐ на́ше |

10. Я адвока́т. Вот _____ телефо́н.
Звони́те!

| ☐ мой | ☐ твой | ☐ твоё |

7

Моде́ль: _____ + брат ⇨ сестра + брат

мать   + _____ = _____

_____ + _____ = де́ти

_____ + дя́дя

ба́бушка + _____

_____ + внук

8

**ЧИТА́ЕМ, ПИ́ШЕМ, КАК ИХ ЗОВУ́Т И КТО ОНИ́,
ПОТО́М РАССКА́ЗЫВАЕМ.**

Здра́вствуйте! Меня́ зову́т И́горь. Я био́лог. Я мно́го чита́ю и ма́ло отдыха́ю. У меня́ есть жена́. Я её люблю́. Я ду́маю, она́ то́же лю́бит меня́. Её зову́т О́льга. Она́ экономи́ст. Она́ мно́го рабо́тает. У нас есть сын. Его́ зову́т Ди́ма. Он шко́льник. Он лю́бит игра́ть в футбо́л. Я ду́маю, он ма́ло чита́ет и мно́го смо́трит телеви́зор. Я его́ не понима́ю.

Ещё у меня́ есть брат. Его́ зову́т Влади́мир. Мой брат — капита́н, он о́чень лю́бит мо́ре. У нас есть па́па. Его́ зову́т Пётр Ильи́ч. Наш па́па — врач. Он ма́ло говори́т и мно́го чита́ет. Ещё у нас есть ма́ма. Её зову́т Светла́на Па́вловна. На́ша ма́ма не рабо́тает, потому́ что она́ пенсионе́рка. Она́ о́чень нас лю́бит.

Модель:

Меня́ зову́т Пётр Ильи́ч. Я врач

Меня́ зову́т О́льга

9 ДОМА ПИШЕМ РАССКАЗ «МОЯ СЕМЬЯ».

10 СКОЛЬКО ЗДЕСЬ СЛОВ?

г	и	д	а	м	а	м	а	р	к	а
о	к	о	п	а	п	а	р	к	и	д
р	а	д	о	ч	ь	б	м	и	р	а
о	м	о	р	е	д	р	у	з	ь	я
д	о	ч	е	р	и	а	ж	ё	н	ы
о	р	ь	л	и	с	т	ь	я	м	а
м	с	ы	н	о	в	ь	я	р	о	к
а	у	с	е	м	ь	я	в	н	у	к

НОВЫЕ СЛОВА

1

Модель:

Где мой телефо́н? — Вот _____ . ⇨ Где мой телефо́н? — Вот он.

1. Где наш учи́тель? — Вот _____ .

2. Где метро́? — Вот _____ .

3. Где кни́ги? — Вот _____ .

4. Где зада́ние? — Вот _____ .

5. Где стол? — Вот _____ .

6. Где твоя́ су́мка? — Вот _____ .

2

Кто они и что они делают?

3 Вы читаете, что он/она делает, и говорите, что они делают и что вы делаете.

Модель: Это экономи́ст. Он рабо́тает. ⇨
Это экономисты. Они работают. Я тоже работаю.

1. Это журнали́ст. Он спра́шивает. _____
2. Это актри́са. Она́ игра́ет роль. _____
3. Это такси́ст. Он отдыха́ет. _____
4. Это гид. Он говори́т. _____
5. Это профе́ссор. Он чита́ет. _____
6. Это студе́нт. Он слу́шает. _____
7. Это студе́нтка. Она́ отвеча́ет. _____
8. Это друг. Он у́жинает. _____
9. Это брат. Он за́втракает. _____
10. Это соба́ка. Она́ гуля́ет. _____

4 Слушаем и проверяем! Чей? Чья? Чьё? Чьи?

WB05

1. _____ это су́мка?
2. _____ это де́ти?
3. _____ это па́спорт?
4. _____ это докуме́нты?
5. _____ это фо́то?
6. _____ это учи́тель?
7. _____ это маши́на?
8. _____ это друзья́?

5

1. Это ма́ма и _____ .
2. Это муж и _____ .
3. Это сестра́ и _____ .
4. Это вну́чка и _____ .
5. Это ба́бушка и _____ .
6. Это сын и _____ .
7. Это тётя и _____ .

6

Модель: Я такси́ст. У _____ есть маши́на. Вот _____ маши́на. ⇨
Я такси́ст. У меня есть маши́на. Вот моя маши́на.

1. Я адвока́т. У _____ есть бюро́. Вот _____ бюро́. У _____ есть компью́тер. Вот _____ компью́тер. У _____ есть докуме́нты. Вот _____ докуме́нты. У _____ есть рабо́та. Вот _____ рабо́та.

2. Мы студе́нты. У _____ есть кни́ги. Вот _____ кни́ги. Вот _____ университе́т. У _____ есть програ́мма. Вот _____ програ́мма. У _____ есть пи́во. Вот _____ пи́во.

3. Он банки́р. У _____ есть маши́на. Вот _____ маши́на. У _____ есть о́фис. Вот _____ о́фис. У _____ есть де́ньги. Вот _____ де́ньги.

4. Ты журнали́ст. У _____ есть газе́та. Вот _____ газе́та. У _____ есть журна́л. Вот _____ журна́л. У _____ есть вопро́сы. Вот _____ вопро́сы. У _____ есть ра́дио. Вот _____ ра́дио.

5. Она́ музыка́нт. У _____ есть пиани́но. Вот _____ пиани́но. У _____ есть но́ты. Вот _____ но́ты. У _____ есть гита́ра. Вот _____ гита́ра. У _____ есть контра́кт. Вот _____ контра́кт.

6. Вы бизнесме́ны. У _____ есть рестора́н. Вот _____ рестора́н. У _____ есть кафе́. Вот _____ кафе́. У _____ есть клие́нты. Вот _____ клие́нты. У _____ есть компа́ния. Вот _____ компа́ния.

7. Они́ тури́сты. У _____ есть гид. Вот _____ гид. У _____ есть сувени́ры. Вот _____ сувени́ры. У _____ есть фо́то. Вот _____ фо́то. Вот _____ гости́ница.

7 СПРАШИВАЕМ И ОТВЕЧАЕМ:

Модель: Ка́тя — спортсме́нка — отдыха́ть ⇨
— Как её зову́т?
— Её зову́т Ка́тя.
— А кто она́?
— Она́ спортсме́нка.
— Что она́ де́лает?
— Я ду́маю, она́ отдыха́ет.

1. Сла́ва — музыка́нт — у́жинать

2. Ива́н — профе́ссор — чита́ть

3. Серге́й — инжене́р — рабо́тать

4. О́льга — гид — говори́ть

5. Ди́ма — студе́нт — игра́ть

6. Мари́я — актри́са — пла́вать

7. Влади́мир — такси́ст — смо́трит телеви́зор

8. Бим — соба́ка — гуля́ть

А) Читаем текст и пишем.

Здра́вствуйте! Вы меня́ уже́ зна́ете. Меня́ зову́т Йгорь, Йгорь Петро́вич Ду́бов. М_____ фами́лия — Ду́бов, м_____ и́мя — Йгорь, м_____ о́тчество — Петро́вич. Я био́лог. Это зоопа́рк. Здесь я рабо́та_____.

Это м_____ жена́ О́льга Бори́совна. Она́ экономи́ст. Я ду́ма_____, сейча́с она́ ещё рабо́та_____, а я уже́ до́ма, отдыха́_____. У нас есть сын. _____ зову́т Ди́ма. Его́ _____ то́же Ду́бов, а его́ _____ — Йгоревич.

Это _____ ма́ма и па́па. Мой па́па — врач. Его́ _____ Пётр Ильи́ч. Он ещё рабо́та_____, а моя́ ма́ма уже́ не рабо́та_____. _____ зову́т Светла́на Па́вловна.

У меня́ есть брат. _____ зову́т Влади́мир. Он капита́н. У _____ есть жена́. _____ зову́т Ка́тя. Она́ журнали́стка.

Вот н_____ дом, а там парк, где мы гуля́_____. Там игра́_____ н_____ сын Ди́ма.

Меня́ зову́т Пётр Ильи́ч. Моя́ _____ Ду́бов. Я _____. У меня́ есть _____. Её _____ Све́та. У _____ есть де́ти. _____ зову́т Йгорь и Влади́мир. Йгорь — био́лог, а Влади́мир — капита́н. Ещё у меня́ есть _____. _____ зову́т Ди́ма.

Меня́ зову́т Ди́ма. Это _____ па́па и ма́ма. У меня́ есть _____. _____ зову́т Светла́на Па́вловна. Ещё у _____ есть де́душка Пётр Ильи́ч. А Влади́мир и Ка́тя — мой дя́дя и тётя. А э́то _____ ко́шка. Её зову́т Му́рка.

Меня́ зову́т Влади́мир. Я _____. _____ фами́лия — Ду́бов, а моё _____ — Петро́вич. У меня́ есть _____. _____ зову́т Ка́тя. Она́ _____. А э́то Йгорь, мой _____.

Б) Слушаем и проверяем.

WB06

 Где здесь ошибки (12)?

1. Она́ спортсме́н, а он музыка́нт.
2. Что э́то? — Это такси́ст.
3. Где письмо́? — Вот она́.
4. Ты зна́ете, кто она́?
5. Это Пе́тя. Я её зна́ю.
6. Они́ говори́ть, что вы не рабо́тать.
7. Мы не говори́м, мы де́лать.
8. У вы есть докуме́нты?
9. Ты есть компью́тер.
10. Рома́н есть бизнесме́н.
11. У меня́ есть соба́ка. У меня́ то́же есть ко́шка.

УРОК 11

ГДЕ ЭТО? ВАШИ АССОЦИАЦИИ.

Россия

_____

_____

Модель: Та́ня рабо́тает в _____ (магази́н). ⇨ Та́ня рабо́тает в магази́не.

1. — Алло́! Ты где? — Я _____ (дом).
2. — Ты уже́ в _____ (о́фис)? — Нет, я ещё в _____ (метро́).
3. Актёры рабо́тают в _____ (Голливу́д).
4. Что вы де́лаете на _____ (рабо́та)?
5. Я гуля́ю в _____ (центр).
6. — Где ва́ши де́ньги? — Как где? В _____ (банк).
7. Вы у́жинаете _____ (дом) и́ли в _____ (рестора́н)?
8. Вы изуча́ете ру́сский язы́к в _____ (университе́т)?

ЖИТЬ

я	_____	мы	_____
ты	_____	вы	_____
он/она́	_____	они́	_____

Модель: — Где _____ Са́нта-Кла́ус?   — Где живёт Са́нта-Кла́ус?
       — Он _____ (Лапла́ндия). ⇨ — Он живёт в Лапла́ндии.

1. — Где вы _____ ?
   — Я _____ (Евро́па).

2. — Где _____ ти́гры?
   — Они́ _____ (И́ндия).

3. — Где _____ президе́нт?
   — О, э́то секре́т.

38

4. — Где не _____ лю́ди?

— Лю́ди не _____ (Марс).

5. — Ты _____ оди́н?

— Нет, я _____ не оди́н. У меня́ есть соба́ка.

5

1. — Где живёт Лю́двиг?

— Он живёт в Голландии, в Амстердаме _____ (Голла́ндия, Амстерда́м).

2. — Где живёт Йо́ко?

— _____ (Япо́ния, О́сака).

3. — Где живу́т Мари́я и Джова́нни?

— _____ (Ита́лия, Мила́н).

4. — Где живёт Пе́дро?

— _____ (Брази́лия, Ри́о).

5. — Где живёт Во́льфганг?

— _____ (А́встрия, За́льцбург).

6. — Где живёт Жак Дюва́ль?

— _____ (Фра́нция, Ни́цца).

7. — Где живёт Кари́н?

— _____ (Швейца́рия, Берн).

8. — Где живёт То́рбен?

— _____ (Норве́гия, Бе́рген).

9. — Где живёт Хе́льга?

— _____ (Герма́ния, Берли́н).

> лес — в лесу́; сад — в саду́; шкаф — в шкафу́; пол — на полу́;
> у́гол — в/на углу́; Крым — в Крыму́; бе́рег — на берегу́;
> мост — на мосту́; порт — в порту́; аэропо́рт — в аэропорту́   **!!!
> !!!**

6

1. — Где моя́ су́мка?

— Она́ на полу _____ (пол).

2. Вы лю́бите гуля́ть в _____ (лес)?

3. Кто отдыха́ет в _____ (Крым)?

4. Капита́н сейча́с в _____ (порт).

5. У нас есть дом и сад. Мы у́жинаем в _____ (сад).

6. Тури́сты де́лают фотогра́фии на _____ (мост).

7. Де́ньги в _____ (су́мка), а су́мка в _____ (шкаф).

8. Мы сейча́с в _____ (самолёт), в _____ (аэропо́рт).

9. Компа́ния стро́ит оте́ль на _____ (бе́рег).

Урок 11

7

Где Чебурашка?

1.

2.

3.

4.

5.

6.

7.

8.

8

А) Читаем текст. Пишем слова в правильной форме.

Приве́т! Вы меня́ уже́ _____ (знать). Меня́ зову́т И́горь. Как вы _____ (по́мнить), у меня́ есть жена́ и сын. Мы _____ (жить) в _____ (Санкт-Петербу́рг), в _____ (Росси́я). Моя́ жена́ О́льга — экономи́ст, она́ _____ (рабо́тать) в _____ (фи́рма) «Плюс». А я био́лог, я _____ (рабо́тать) в _____ (зоопа́рк). В _____ (зоопа́рк) _____ (жить) ти́гры, жира́фы, зе́бры и шимпанзе́. У нас в Росси́и они́ не _____ (жить) в _____ (лес), то́лько в _____ (зоопа́рк)! Я о́чень люблю́ _____ (рабо́тать), моя́ жена́ говори́т, что я _____ (жить) на _____ (рабо́та)! Наш сын Ди́ма о́чень мно́го _____ (игра́ть) на _____ (компью́тер). Я _____ (ду́мать), он _____ (жить) в _____ (Интерне́т).

Мой брат Влади́мир — капита́н, он _____ (рабо́тать) в мо́ре. Я не _____ (знать), где он сейча́с: мо́жет быть, в _____ (Япо́ния), в _____ (А́фрика) и́ли в _____ (Австра́лия). Его́ жена́ Ка́тя — журнали́стка, и она́ то́же _____ (рабо́тать) бог зна́ет где: в _____ (Москва́), в _____ (Аме́рика), в _____ (А́зии) и да́же в _____ (А́фрика).

Наш друг Свен _____ (жить) в _____ (Стокго́льм).
Э́то в _____ (Шве́ция). Но сейча́с он не _____ (дом), он
(рабо́тать) в _____ (экспеди́ция).

Б) Делаем вопросы:

Кто? Где? Как? Чей? Чья? У кого есть? Что делает?

Меня́ зову́т **Йгорь**	⇨	Как его зовут?
У меня́ есть жена́	⇨	
Мы живём **в Росси́и**	⇨	
Я **рабо́таю** в зоопа́рке	⇨	
В зоопа́рке живу́т **ти́гры**	⇨	
Они́ не живу́т **в лесу́**	⇨	
Я люблю́ рабо́тать	⇨	
Моя́ жена́ говори́т	⇨	
Наш сын	⇨	
Он живёт **в Интерне́те**	⇨	
Мой брат	⇨	
Он **рабо́тает** в мо́ре	⇨	
Его́ жена́	⇨	
Она́ рабо́тает	⇨	

НОВЫЕ СЛОВА

♥ _____

💔 _____

1 КАК ДЕЛА?

А)

Б)

— Приве́т! Как _____?
— Спаси́бо, _____ ! А _____?
— То́же _____ !

— Приве́т, Ник! Как жизнь?
— _____ ! У меня́ депре́ссия. А _____?
— Извини́, у меня́ всё _____ .

— До́брый ве́чер, Ни́на Миха́йловна!
— Здра́вствуйте, Андре́й Ви́кторович! Как _____ дела́?
— Спаси́бо, _____ ! А _____?
— Спаси́бо, _____ ! Вы зна́ете, я оптими́стка!

2 СМОТРИМ НА КАРТИНКИ И ПИШЕМ.

Модель: В лесу́ хорошо́ и краси́во, но опа́сно.

В лесу́ ....

В университе́те ....

В клу́бе ....

На стадио́не ....

На рабо́те ....

На мо́ре ....

В аквапа́рке ....

До́ма ....

3 **ПРАВДА ИЛИ НЕПРАВДА?**

сейча́с ⇨ ра́ньше

Моде́ль: Сейча́с я в университе́те. + ⇨ Ра́ньше я был в университе́те. −
Да, э́то пра́вда.   Нет, э́то непра́вда.

1. Сейча́с мы говори́м по-ру́сски. ⇨ Ра́ньше ....

2. Сейча́с лю́ди живу́т хорошо́. ⇨ ....

3. Сейча́с Аля́ска в Аме́рике. ⇨ ....

4. Сейча́с всё до́рого. ⇨ ....

5. Сейча́с я не смотрю́ телеви́зор. ⇨ ....

6. Сейча́с я мно́го ду́маю. ⇨ ....

7. Сейча́с я мно́го чита́ю. ⇨ ....

8. Сейча́с я не курю́. ⇨ ....

9. Сейча́с де́ти не рабо́тают. ⇨ ....

10. Сейча́с я зна́ю всё. ⇨ ....

4 **А) Моде́ль:** Плато́н ⇨ Платон жил в Греции.

Толсто́й

Дон Кихо́т

Шекспи́р

Стив Джобс

Да́нте

Росси́я, Герма́ния, А́встрия,
Испа́ния, Аме́рика, Ита́лия, А́нглия

Мо́царт

Б) Где жили вы, ваши родители, бабушки и дедушки?

Мой де́душка ....

Моя́ ба́бушка ....

Мой па́па ....

Моя́ ма́ма ....

Я ....

5

Читаем и пишем.

~~Антаркти́да~~, Япо́ния, Ватика́н, Ме́ксика, Швейца́рия

Модель: ....

Здесь живу́т .... ⇨

Антарктида

Здесь живу́т пингвины.

1. ....

Здесь есть .... , , ,

.... и ....

2. ....

Э́то .... Лю́ди де́лают .... ,

.... и .... Здесь есть ....

и ....

3. ....

Здесь есть .... и .... Лю́ди

рабо́тают в .... и́ли де́лают ....

4.

Здесь живут только _____ . Здесь есть _____ МУЗЕЙ , там

туристы смотрят _____ ,

и _____ . Здесь есть _____ .

6 Студент 1 спрашивает, студент 2 отвечает, потом наоборот.
Вопросы: Кто? Что? Где? Что они делали? Потом слушаем и проверяем:

Студе́нт 2

1. Андре́й был в _____ . Он смотре́л _____ в Вашингто́не, гуля́л
в _____ в Нью-Йо́рке, пла́вал в океа́не и отдыха́л на пля́же во Флори́де.
Во Флори́де бы́ло жа́рко.

2. Светла́на Па́вловна была́ на _____ . Она́ де́лала ремо́нт и мно́го
_____ в саду́. Э́то бы́ло тру́дно, но она́ говори́т, что она́ отдыха́ла.

3. И́горь и О́льга бы́ли в Ита́лии. Они́ отдыха́ли на _____ и пла́вали
в _____ , смотре́ли дома́ и кана́лы в Вене́ции, смотре́ли _____
в Ватика́не. В Ита́лии бы́ло краси́во и интере́сно.

7

Стра́ны, где вы уже́ бы́ли:

_____
_____
_____
_____

Стра́ны, где вы ещё не́ были:

_____
_____
_____
_____

8 Делаем презентацию:

Где и как вы жили? Где вы работали? Где и как вы отдыхали? Как там было?
Показываем фотографии в «Фейсбуке», в «Инстаграме» или в телефоне.

НОВЫЕ СЛОВА

_____

_____
_____
_____

_____

_____
_____
_____

1 ГДЕ МИШКА?

На за́паде/восто́ке/се́вере/ю́ге...

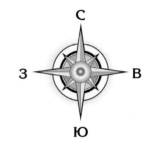

2 В или на?

____ университе́те	____ экза́мене	____ лесу́	____ кафе́
____ кинотеа́тре	____ апте́ке	____ кли́нике	____ са́йте
____ о́фисе	____ па́рке	____ за́паде	____ клу́бе
____ у́роке	____ о́строве	____ Интерне́те	____ рабо́те

3 В или на?

Ле́том мы отдыха́ли ____ ю́ге. Мы жи́ли ____ Со́чи, ____ гости́нице ____ мо́ре.

Ди́ма был ____ шко́ле ____ уро́ке.

Свен вчера́ был ____ теа́тре ____ бале́те.

Тури́сты сейча́с ____ Петербу́рге. Они́ бы́ли ____ Эрмита́же ____ экску́рсии.

Экономи́ст был ____ ба́нке ____ рабо́те.

Мы гуля́ли ____ па́рке и ____ у́лице.

А́ня была́ ____ магази́не и ____ ры́нке.

Влади́мир жил _____ Му́рманске, _____ се́вере.
О́льга рабо́тает _____ о́фисе, а ра́ньше рабо́тала _____ аэропорту́.
Студе́нты бы́ли _____ ле́кции _____ университе́те и _____ клу́бе _____ конце́рте.

4 **Моде́ль:** — Алло́! Ты сейча́с где? — Я сейча́с _____ (центр, у́лица). ⇨
— Алло́! Ты сейча́с где? — Я сейча́с **в** центре **на** улице.

— А где ваш сын? — Он сейча́с _____ (шко́ла, уро́к).
— Где бы́ли И́горь и О́льга? — Они́ бы́ли _____ (теа́тр, о́пера).
— Где была́ студе́нтка? — Она́ была́ _____ (экза́мен, институ́т).
— Где твоя́ соба́ка? — Она́ гуля́ет _____ (у́лица) и́ли _____ (парк).
— Где вы сего́дня обе́даете? — Я ду́маю, _____ (рестора́н, пло́щадь).
— Где сейча́с тури́сты? — Они́ _____ (музе́й, экску́рсия).
— Где О́льга? — Она́ _____ (рабо́та, о́фис).
— Где вы отдыха́ли? — _____ (Гре́ция, мо́ре).

5 **В** или **на?**

1. Кто игра́ет _____ саксофо́не?
2. Они́ игра́ют _____ футбо́л.
3. Бори́с и Ива́н игра́ют _____ карты.
4. Вы игра́ете _____ гита́ре?
5. Друзья́ игра́ют _____ ша́хматы.
6. Мы игра́ем _____ гольф.
7. А́лла игра́ет _____ пиани́но.
8. Та́ня игра́ет _____ фле́йте.
9. Зимо́й мы игра́ем _____ хокке́й.
10. Ты игра́ешь _____ те́ннис?

6 **А) Во что** или **на чём?**

_____ — в футбо́л
_____ — на пиани́но
_____ — в ка́рты
_____ — на фле́йте

_____ — на гита́ре
_____ — в те́ннис
_____ — в ша́хматы
_____ — на саксофо́не

Б) На чём играют музыканты?

Рок-музыка́нты игра́ют _____ .
В джа́зе игра́ют _____ .
В орке́стре музыка́нты игра́ют _____ .

7 **Моде́ль:** Где а́дрес? — мы, сайт ⇨ **У** нас **на** сайте.

Где ко́шка? — я, ко́мната _____
Где маши́на? — мы, гара́ж _____
Где контра́кт? — они́, о́фис _____
Где ключи́? — она́, су́мка _____
Где докуме́нты? — он, сейф _____
Где де́ньги? — я, дом _____
Где биле́ты? — ты, стол _____
Где фотогра́фии? — я, телефо́н _____

8

Модель: (Вы, Сибирь) _____ всегда́ хо́лодно? ⇨
У вас **в** Сиби́ри всегда́ хо́лодно?

(Мы, го́род) _____ есть метро́.
(Они́, Япо́ния) _____ всё де́лают ро́боты.
(Вы, Ита́лия) _____ есть всё: музе́и, мо́ре и со́лнце.
(Мы, Петербу́рг) _____ тури́сты гуля́ют день и ночь.
(Они́, Аме́рика) _____ все говоря́т по-англи́йски.
(Мы, Росси́я) _____ всегда́ интере́сно!
(Вы, стра́на) _____ есть пробле́мы?
(Вы, го́род) _____ есть гости́ница?

9

У меня́ до́ма есть…   У меня́ в су́мке есть…
У меня́ в телефо́не есть….   У меня́ в компью́тере есть…
У меня́ на столе́ есть…   У нас в стране́ есть…
У нас в го́роде есть…

10

Вы знаете, где Сибирь? Смотрим на карте.
Что там есть? Там есть реки? Города? Вы их знаете?

Города́ в Сиби́ри: Ирку́тск, _____
Ре́ки в Сиби́ри: Ле́на, _____

го́ры	океа́н	река́	о́зеро	лес

вулка́н	шама́н	нефть	газ	зо́лото

Сиби́рь

Меня́ зову́т Ива́н. Я живу́ в Сиби́ри. Вы зна́ете, где э́то? Иногда́ лю́ди ду́мают, что здесь нельзя́ жить, но я ду́маю, что здесь жить хорошо́. Тури́сты говоря́т, что здесь экзо́тика, но здесь мой 🏠. Здесь на за́паде ⛰, на 🧭 и на 🧭в 🌊, а на 🧭ю Кита́й и Монго́лия.

У нас есть 🏞 и 🛶 Байка́л. Ещё здесь есть 🔱, 🌋 и «Транссиби́рский экспре́сс». Все ду́мают, в Сиби́ри всегда́ о́чень хо́лодно, но э́то непра́вда: иногда́ здесь жа́рко! Мы мно́го пла́ваем и гуля́ем в 🌲.

В Сиби́ри есть ресу́рсы: 🛢, 🔥, 🌲 и 🟨. Здесь о́чень краси́во и интере́сно!

- Как вы ду́маете, в Сиби́ри есть врачи́ и́ли то́лько шама́ны?
- У вас в стране́ есть ресу́рсы? А го́ры, ре́ки, мо́ре? А шама́ны?
- Где ещё есть нефть и газ?
- Как вы ду́маете, где экзо́тика?
- Где всегда́ хо́лодно, а где всегда́ жа́рко?
- Где нельзя́ жить, а где жить хорошо́?

11 **ПИШЕМ ЭССЕ «МОЙ РЕГИОН».**

Меня́ зову́т _____. Я живу́ в _____. Вы зна́ете, где э́то?
Лю́ди ду́мают, что здесь _____
_____
_____
_____

1

ГДЕ РУССКИЕ (НЕ ИНТЕРНАЦИОНАЛЬНЫЕ) СЛОВА?

му́зыка	кино́	футбо́л	<u>рабо́та</u>	ко́фе	ко́ка-ко́ла
поли́тика	свобо́да	пра́вда	пробле́мы	любо́вь	семья́
кри́тика	экза́мены	спорт	пи́во	татуиро́вка	жизнь
исто́рия	языки́	кла́ссика	рок	война́	мо́ре
де́ньги	дождь	пи́цца	маши́на	шко́ла	комплиме́нты
ле́то	зима́	снег	го́ры	магази́ны	рекла́ма

2

ДУМАЕМ И ПИШЕМ (МИНИМУМ 3).

Я люблю́ _____

Я не люблю́ _____

Я хочу́ _____

Я не хочу́ _____

Все лю́бят _____

Никто́ не лю́бит _____

Ра́ньше я люби́л(а) _____

Ра́ньше я хоте́л(а) _____

3

ЧИТАЕМ ДИАЛОГИ И ПИШЕМ СЛОВА.

1. — Здра́вствуйте! Мо́жно _____ ?
   — Коне́чно, пожа́луйста.

2. — Извини́те, мо́жно _____ ?
   — У меня́ нет.

3. — Извини́те, мо́жно _____ ?
   — Капучи́но и́ли эспре́ссо?

4. — Хоти́те _____ ?
   — Спаси́бо, нет.
   — А мо́жно ваш _____ ?
   — То́же нет, у меня́ есть муж.

5. — Приве́т! Хо́чешь _____ ?
   — А мо́жно _____ ?
   — Нет, у меня́ есть то́лько ко́фе и чай.

6. — Извини́те, мо́жно _____ ?
   — Я не курю́.

4

Вчера́ бы́ло воскресе́нье.	Сего́дня понеде́льник.	За́втра вто́рник.
Позавчера́ была́ суббо́та.		Послеза́втра среда́.

позавчера́	вчера́	сего́дня	за́втра	послеза́втра
вторник	среда	четве́рг	пятница	суббота
		пя́тница		
		суббо́та		
		воскресе́нье		
		понеде́льник		
		вто́рник		
		среда́		

5 **Что вы делали?**

Год	Ме́сяц		Год	Ме́сяц
Понеде́льник			**Четве́рг**	
Вто́рник			**Пя́тница**	
Среда́			**Суббо́та**	
			Воскресе́нье	

НОВЫЕ СЛОВА

❤ _____   💔 _____

1   **Пишем.**

1 — один	6 —
2 —	7 —
3 —	8 —
4 —	9 —
5 —	10 —

11 —	16 —
12 —	17 —
13 —	18 —
14 —	19 —
15 —	20 —

20 —	30 —
40 —	
50 —	60 —
70 —	80 —
90 —	100 —

2   **Играем в лото!**

Студенты пишут любые цифры от 1 до 99. Преподаватель читает, и студенты зачёркивают цифры. Кто первый зачёркивает всё, тот выигрывает.

3   **Сколько стоит? Смотрим в Интернете на www.yandex.ru.**

 Климат. Сезоны и месяцы.

Сезо́н	Ме́сяц	Когда́?	Когда́?
зима́	декабрь	зимой	в декабре
весна́			
			в мае
ле́то			
о́сень			

5

А) Все иностранцы знают Москву и Санкт-Петербург, но не все знают, что в России есть ещё города-миллионники. Вы знаете их?

Дáта: _____ / _____ / _____

Гóрод   t   t   t

1. Москвá _____   6. Казáнь _____   11. Уфá _____
2. Санкт-Петербýрг _____   7. Челябинск _____   12. Красноярск _____
3. Новосибирск _____   8. Омск _____   13. Пермь _____
4. Екатеринбýрг _____   9. Самáра _____   14. Ворóнеж _____
5. Нижний Нóвгород _____ 10. Ростóв-на-Донý _____ 15. Волгогрáд _____

Б) Где на карте эти города? Какая сегодня там погода? Смотрим в Интернете.

Модель: Сегóдня в Нижнем Нóвгороде −5 (минус пять), снег.

6 СЛУШАЕМ, ПИШЕМ И РИСУЕМ НА КАРТЕ МАРШРУТ.

WB07

Кругосве́тное путеше́ствие

Моде́ль:

В январе Во́льфганг Кук был до́ма, в Герма́нии.

В .... он был в Ту́рции.

В .... он был в Ира́не.

В .... он был в И́ндии.

В .... он был в Кита́е.

В .... он был в Япо́нии.

В .... он был в Аме́рике.

В .... он был в Ме́ксике.

В .... он был в Брази́лии.

В .... Кук был в Ке́нии.

В .... он был в Испа́нии.

В .... он был во Фра́нции.

В .... он сно́ва был до́ма.

7 ДЕЛАЕМ ПРЕЗЕНТАЦИЮ: СЕЗОНЫ, КЛИМАТ И ПОГОДА У ВАС В СТРАНЕ.

НОВЫЕ СЛОВА

♥ ....

💔 ....

....

....

1   Сколько времени?

пять двадцать пять

2   **Сколько времени? Когда? Во сколько?**
Смотрим телепрограмму в Интернете и говорим, во сколько сегодня:

— .... ?
— Футбо́л в 18:30.

— .... ?
— Трениро́вка сего́дня ве́чером.

— .... ?
— Сейча́с 12:45.

> но́вости, футбо́л, коме́дия,
> мультфи́льм, сериа́л, пого́да,
> детекти́в, те́ннис, рекла́ма

3   **Утром, днём, вечером, ночью.**

Хорошо́ рабо́тать	Я люблю́ рабо́тать ....
Пло́хо рабо́тать	Я не люблю́ рабо́тать ....
Прия́тно спать	Я отдыха́ю ....
Я чита́ю газе́ты	Я изуча́ю ру́сский ....

Пора. Как вы думаете, когда / во сколько **пора** это делать?

порá вставáть

порá рабóтать

в 7:00 .... — **порá** вставáть
.... — **порá** зáвтракать
.... — **порá** рабóтать
.... — **порá** обéдать
.... — **порá** отдыхáть
.... — **порá** ýжинать
.... — **порá** спать

порá отдыхáть

порá ýжинать

порá спать

 Хватит.

....

....

....

....

....

....

НОВЫЕ СЛОВА

 ....
....

 ....
....

УРОК 17

1

-ВА-

	вставА́ть	уставА́ть	даВА́ть	продаВА́ть	сдаВА́ть
я	встаю́				
ты	встаёшь				
он/она́	встаёт				
мы	встаём				
вы	встаёте				
они́	встаю́т				

2

1. Е́сли клие́нт не _____ гара́нтии, ба́нки не _____ креди́ты.

2. Когда́ студе́нты _____ экза́мены, они́ о́чень _____ .

3. Я фе́рмер. Я _____ в 5, а когда́ ты _____ ?

4. Мой муж ка́ждый день _____ на рабо́те и до́ма то́лько отдыха́ет.

5. Мы _____ экза́мены, а университе́т _____ дипло́мы.

6. Кто ра́но _____ и ве́чером о́чень _____ ?

7. Музыка́нты _____ по́здно, потому́ что рабо́тают ве́чером.

8. Суперма́ркет _____ проду́кты.

9. Я _____ отве́т «нет»!

> вставáть
> уставáть
> давáть
> продавáть
> сдавáть

3

А)

спать

я	_____	мы	_____
ты	_____	вы	_____
он/она́	_____	они́	_____

Б) 1. Уже́ ночь! Почему́ ты не _____ ?

2. Сего́дня мы не _____ , потому́ что пя́тница!

3. Я тебя́ не слу́шаю, я уже́ _____ .

4. Кто здесь _____ ? Э́то мой дом!

5. Ты ещё _____ , а я уже́ за́втракаю!

6. Лю́ди уже́ _____ , а я ещё рабо́таю!

7. Как вы _____ ? Здесь о́чень жа́рко!

4

А)

гото́вить

я	_____	мы	_____
ты	_____	вы	_____
он/она́	_____	они́	_____

Б) 1. Мы _____ фондю́ то́лько зимо́й.

2. Ле́том я не _____ , потому́ что мо́жно есть фру́кты.

3. У неё есть муж и де́ти, она́ всё вре́мя _____ .

4. У вас сего́дня го́сти? Что вы _____ ?

5. Муж и жена́ _____ вме́сте.

6. Как вы ду́маете, _____ интере́сно?

7. Кто хорошо́ _____ ?

5 **Всегда, каждый день, часто, иногда, редко, никогда (не).**

Я _____ рабо́таю, _____ гото́влю, _____ обе́даю в кафе́, _____ у́жинаю в рестора́не, _____ говорю́ пра́вду, _____ говорю́ спаси́бо, _____ смотрю́ телеви́зор, _____ де́лаю се́лфи, _____ смотрю́ сериа́лы, _____ даю́ де́ньги, _____ даю́ сове́ты, _____ сплю днём, _____ принима́ю витами́ны, _____ гуля́ю, _____ покупа́ю проду́кты, _____ игра́ю в _____ , _____ отдыха́ю на мо́ре, _____ чита́ю журна́лы/ко́миксы, _____ покупа́ю кни́ги, _____ сплю на уро́ке.

6 **Сначала ... , потом ... .**

Моде́ль: Снача́ла я думаю, пото́м говорю. (ду́мать/говори́ть)

ЧТО ВЫ ДЕЛАЕТЕ СНАЧАЛА, А ЧТО ПОТОМ?

1. Снача́ла я _____ , а пото́м _____ .
   (принима́ть душ / встава́ть)
2. У́тром я снача́ла _____ , пото́м _____ .
   (принима́ть душ / за́втракать)
3. Снача́ла _____ , пото́м _____ . (обе́д/за́втрак)
4. Снача́ла я _____ , а пото́м _____ . (рабо́тать/отдыха́ть)
5. Мы снача́ла _____ , а пото́м _____ .
   (гото́вить / покупа́ть проду́кты)
6. Снача́ла я _____ , а пото́м _____ . (встава́ть/спать)
7. Снача́ла _____ , пото́м _____ , а пото́м _____ .
   (рабо́та/университе́т/шко́ла)
8. Снача́ла _____ , пото́м _____ . (карье́ра/семья́)

7 **A) ОТВЕЧАЕМ НА ВОПРОСЫ:**

• Вы живёте оди́н/одна́?

• Во ско́лько вы встаёте? Во ско́лько встаёт ва́ша семья́?

• Что вы де́лаете у́тром? Вы де́лаете макия́ж?

• Кто в семье́ убира́ет, покупа́ет проду́кты, гото́вит?

• Вы устаёте? Почему́?

• Сосе́ди вас лю́бят? Почему́?

Урок 17

WB08

Б) Читаем и слушаем текст. Пишем слова.

Аня и Роберт

Аня раньше _____ в Москве, а сейчас _____ в Вене. Она изучает немецкий язык. В группе есть французы, испанцы, итальянцы и даже один американец. _____ на уроке тема «Мой день».

Студенты много _____ . Аня тоже говорит:

— _____ я встаю рано, в 6. Сначала я _____ душ, а потом делаю кофе и бутерброды. Я живу не одна, у меня есть парень. Его зовут Роберт. Когда он встаёт, завтрак уже на столе. Роберт очень рад!

_____ я изучаю немецкий в университете. Мы начинаем урок в 8:00. Мы много говорим, читаем и слушаем. В _____ я обедаю, а потом работаю в ресторане. Работать трудно и не очень интересно. Я очень устаю на работе.

Роберт — дизайнер, он работает дома. Он встаёт в 7:20 и любит утром пить кофе и читать новости. А потом, в 9, он начинает работать — делает проекты. Но сейчас он работает мало, потому что клиенты не _____ его стиль. В 2 он обедает, а потом отдыхает. Иногда он играет на электрогитаре. Соседи не любят, когда он играет. Они говорят, что он играет _____ . Никто его не любит, только я! _____ днём я покупаю продукты и каждый _____ готовлю ужин, а Роберт _____ говорит: «Спасибо». Он очень любит меня!

В) Читаем текст ещё раз и отвечаем на вопросы в таблице.

	Аня	Роберт
Во сколько встаёт?		
Кто готовит завтрак?		
Во сколько начинает работать?		
Где работает?		
Во сколько обедает?		
Что делает утром?		
Кто работает много?		
Кто готовит ужин?		
Кто хорошо живёт?		

Г) Отвечаем на вопросы. Почему вы так думаете?

• Анна — идеальная девушка?
• А Роберт — хороший парень? Почему никто его не любит?
• Анна и Роберт — типичная пара?

Д) Пересказ.

Меня́ зову́т Ро́берт. Я диза́йнер _____

8 **Пишем эссе «Мой день».**

Во ско́лько вы встаёте? Что вы де́лаете у́тром? Когда́ вы за́втракаете?
Что у вас на за́втрак? Где вы рабо́таете? Когда́ вы начина́ете рабо́тать?
Что вы де́лаете на рабо́те? Где и когда́ вы обе́даете? У вас есть хо́бби?
Во ско́лько вы у́жинаете? Что у вас на у́жин? Что вы де́лаете ве́чером?

_____
_____
_____
_____
_____
_____
_____
_____
_____
_____
_____
_____
_____

НОВЫЕ СЛОВА

_____ _____
_____ _____
_____ _____
_____ _____
_____ _____

УРОК 18

1

Какой? Какая? Какое? Какие?

1. _____ го́род?   6. _____ стра́ны?
2. _____ пи́цца?   7. _____ сайт?
3. _____ оте́ль?   8. _____ пого́да?
4. _____ кафе́?   9. _____ сло́во?
5. _____ спорт?   10. _____ фи́льмы?

2

Модель:

но́в____ би́знес	но́в____ шко́ла	но́в____ кафе́	но́в____ студе́нты
но́вый би́знес	но́вая шко́ла	но́вое кафе́	но́вые студе́нты

краси́в____ дом   краси́в____ маши́на   краси́в____ мо́ре   краси́в____ лю́ди
ста́р____ телефо́н   ста́р____ ба́бушка   ста́р____ вино́   ста́р____ часы́
ру́сск____ язы́к   ру́сск____ во́дка   ру́сск____ сло́во   ру́сск____ блины́
хоро́ш____ у́жин   хоро́ш____ пого́да   хоро́ш____ кафе́   хоро́ш____ друзья́
больш____ го́род   больш____ страна́   больш____ окно́   больш____
                                                                пирами́ды

3

ПИШЕМ, КАКИЕ ЭТО СТРАНЫ И РЕГИОНЫ.

Аме́рика, Шта́ты, Коре́я, ~~Сою́з~~, Федера́ция, Эмира́ты, Ара́вия, Коре́я, Зела́ндия

Модель: Европе́йский Сою́з — большо́й и бога́тый.

Росси́йская _____
Ю́жная _____
Но́вая _____
Ара́бские _____
Соединённые _____
Се́верная _____
Сау́довская _____
Лати́нская _____

4

КАКИЕ ОНИ?

— _____   — _____   — _____
— _____   — _____   — _____
— _____   — _____   — _____

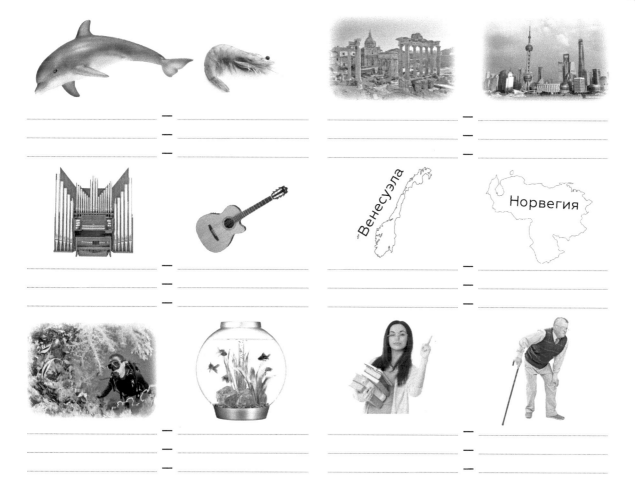

```
_____ — _____        _____ — _____
_____ — _____        _____ — _____
```

5 СЛУШАЕМ ДИАЛОГИ И ПИШЕМ СЛОВА:

WB09

Диалог 1

— Дóбрый день! Я журналúст. У вас есть минýтка?
— Да, а что?
— У вас есть рабóта?
— Формáльно — нет, а реáльно — да.
— _____ рабóта... Хорóшая?
— Да, _____! Мы коллéги. Я тóже журналúст.
— А где вы рабóтаете?
— Я журналúст-фрилáнсер. Рабóта интерéсная, _____, но нестабúльная.
— Спасúбо!

Диалог 2

— Дóбрый день! У вас есть фотоаппарáты?
— Да, вот прекрáсная нóвая модéль! Óчень _____ и практúчная.
— Спасúбо... Он óчень большóй... И _____, я дýмаю...
— Ну, немáленький и _____. Но он дéлает óчень хорóшие фотогрáфии!
— Спасúбо. _____ модéль. Я дýмаю, он есть в интернéт-магазúне.
— Уф-ф-ф.

6 Пишем маленькие истории. Показываем фотографии.

Модель: Моя́ соба́ка очень умная и красивая. Она довольно большая и слишком активная.

Я _____

Мой дом _____

Мой де́ти _____

Моя́ ко́шка/соба́ка _____

Моя́ рабо́та _____

Мой роди́тели _____

Моя́ маши́на _____

Мой муж/па́рень _____

Мой брат/сестра́ _____

На́ша шко́ла _____

Моя́ жена́/де́вушка _____

Мой друзья́

Наш университе́т

НОВЫЕ СЛОВА

1

Что вы думаете? Ваши идеи!

Са́мая краси́вая актри́са — ....
Са́мый некраси́вый актёр — ....
Са́мая молода́я страна́ — ....
Са́мый ста́рый челове́к — ....
Са́мый дорого́й го́род — ....
Са́мая дешёвая маши́на — ....
Са́мое краси́вое мо́ре — ....
Са́мый бога́тый челове́к — ....
Са́мая бе́дная страна́ — ....
Са́мая тру́дная рабо́та — ....
Са́мые дороги́е часы́ — ....
Са́мый опа́сный спорт — ....

2

дорога́я, бы́страя, спорти́вная, краси́вая
ма́ленький, горя́чий, дешёвый и о́чень популя́рный
акти́вный, агресси́вный, бы́стрый
у́мный, бы́стрый, практи́чный, но́вый
ма́ленькая, ва́жная, практи́чная и иногда́ опа́сная

хот-дог
компью́тер
маши́на
креди́тная ка́рта
хокке́й

3

Пишем прилагательные.

спорт — ....
тала́нт — ....
культу́ра — ....
конта́кт — ....
центр — ....

эконо́мика — ....
поли́тика — ....
фина́нсы — ....
исто́рия — ....
кла́ссика — ....

4

Вы знаете, что это?

университе́т

Акро́поль

о́зеро

стена́

поли́ция

кафе́

шни́цель

па́па

собо́р

метро́

галере́я

фестива́ль

Дре́зден, Ве́на, Мила́н, Пари́ж, Жене́ва, Афи́ны, О́ксфорд, Рим, Кита́й, Ка́нны, Ло́ндон, Нью-Йо́рк

5 ДЕЛАЕМ ПРЕЗЕНТАЦИЮ:

Я живу́ в

У нас есть

На́ша страна́

Наш го́род

Наш президе́нт/премье́р-мини́стр

Наш язы́к

Наша́ культу́ра

Лю́ди

НОВЫЕ СЛОВА

1

Пишем слова в 2 группы (хорошо «+» / плохо «–»):

хорошо́	ску́чно	дёшево	смешно́	пло́хо
хо́лодно	тепло́	легко́	жа́рко	интере́сно
тру́дно	до́рого	бы́стро	по́здно	ужа́сно
ме́дленно	гро́мко	прекра́сно	ти́хо	краси́во
прия́тно	вку́сно	удо́бно	пра́вильно	норма́льно
ра́но	стра́нно	опа́сно	беспла́тно	глу́по

+	–

2

Смотрим на картинки и пишем ассоциации.

   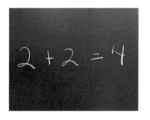

_____ _____ _____ _____

3

Модель:

Ру́сский — _____ язы́к. Вы _____ говори́те по-ру́сски. (прекра́сный, прекра́сно) ⇨
Ру́сский — прекрасный язы́к. Вы прекрасно говори́те по-ру́сски.

1. Фу! Э́то _____ суп. — Ты ду́маешь, я _____ гото́влю? (плохо́й, пло́хо)
2. Ты _____ гото́вишь! Я ду́маю, ты _____ жена́! (ужа́сный, ужа́сно)
3. Обы́чно _____ лю́ди живу́т _____ . (хоро́ший, хорошо́)
4. И́ндия — _____ страна́. Тури́сты отдыха́ют _____ . (дсшёвый, дёшево)
5. Ра́ньше архите́кторы _____ стро́или, поэ́тому ста́рые города́ _____ . (краси́вый, краси́во)
6. Мы _____ изуча́ем ру́сский, у нас _____ курс. (беспла́тный, беспла́тно)
7. Кто са́мый _____ студе́нт в гру́ппе? Кто говори́т сли́шком _____ ? (ти́хий, ти́хо)
8. Я _____ челове́к, я _____ живу́. (норма́льный, норма́льно)

4

Модель: рабо́тать — бы́стро, ~~до́рого~~, ме́дленно, беспла́тно, ~~тру́дно~~

1. говори́ть — гро́мко, ти́хо, бы́стро, дёшево, ме́дленно, краси́во
2. отдыха́ть — прекра́сно, вку́сно, пло́хо, ужа́сно, удо́бно, акти́вно
3. гото́вить — бы́стро, удо́бно, вку́сно, ужа́сно, жа́рко, ме́дленно
4. жить — ску́чно, краси́во, гро́мко, норма́льно, ра́но, акти́вно

5 **Что вы делаете:**

хорошо́? пло́хо? бы́стро? ме́дленно?
прекра́сно? ужа́сно? краси́во? беспла́тно?

Я хорошо́ _____
Я пло́хо _____
Я бы́стро _____
Я ме́дленно _____
Я прекра́сно _____
Я ужа́сно _____
Я краси́во _____
Я беспла́тно _____

Урок 20

6 Как вы думаете, здесь хорошо жить, работать, делать бизнес и отдыхать? Почему?
Пишем маленькие тексты.

В Росси́и ....

....

....

В Венесуэ́ле ....

....

....

До́ма ....

....

....

В И́ндии ....

....

....

В Сингапу́ре ....

....

....

На рабо́те ....

....

....

В Норве́гии ....

....

....

В Ке́нии ....

....

....

В университе́те/в шко́ле ....

....

....

Где здесь ошибки?

1. У меня́ есть хоро́шая друзья́.
2. Неда́вно Ди́ма была́ в кино́.
3. У меня́ большо́й стресс в аэропо́рте.
4. Мы по́мним, что её зову́т Ми́ша.
5. Я никогда́ по́мню, где мои ключи́.
6. У кто есть пробле́мы?
7. Я мно́го рабо́таю, поэ́тому у меня́ ма́ленькие де́ти.
8. У меня́ есть маши́на и то́же у меня́ есть мотоци́кл.
9. У вас есть мой а́дрес?
10. В Москве́ есть больша́я дома́?
11. В Евро́пе живу́т хоро́шие челове́к.
12. Сейча́с я живу́ в Евро́пе, а ра́ньше живи́л в А́зии.
13. Мы мно́го лю́бим ру́сский.
14. Ско́лько вре́мени у нас самолёт?
15. У́тром я вставаю́ и де́лаю ко́фе.
16. Сейча́с легко́ жить, а ра́ньше — тру́дно.
17. Я изуча́ю по-ру́сски ка́ждый день.
18. Я ду́маю, глу́пый смотре́ть сериа́лы.
19. Ты хо́чешь есть? Я сейча́с гото́вить.
20. У тебя́ о́чень хорошо́ рабо́та.

НОВЫЕ СЛОВА

1

Модель: Я дизайнер и _____ (работать/арт-студия). ⇨
Я дизайнер и работаю в арт-студии.

1. Ты студент? Ты _____ (жить/Европа)?
   Ты _____ (изучать) русский язык _____ (университет)?
2. Я музыкант. Я _____ (жить/Петербург) и _____
   _____ (играть/гитара/группа) «Ленинград».
3. Мы дети. Мы _____ (гулять/парк) и _____
   _____ (играть/футбол).
4. Это футболисты. Они _____ (жить/Барселона) и
   _____ (играть/стадион).
5. Марк — финансист. Он _____ (жить/Нью-
   Йорк), _____ (работать/банк) и
   (отдыхать/клуб).
6. Вы студенты. Где вы _____ (жить)? Где вы _____ (изучать)
   русский язык?

2

Модель: Мы завтракаем в кафе. ⇨ Мы завтракали в кафе.

1. Катя читает книгу. _____
2. Друзья говорят по-русски. _____
3. Мы не хотим сдавать экзамен. _____
4. Я отдыхаю на море. _____
5. Вы смотрите новости? _____
6. Мы продаём биткойны. _____
7. Антон хочет кофе. _____
8. Ты меня слушаешь? _____
9. Где вы живёте? _____
10. Я никогда не даю деньги. _____

3

Пишем антонимы.

Модель: хороший — плохой

интересный — _____

дорогой — _____   трудный — _____

большой — _____   богатый — _____

умный — _____   старый — _____ и _____

прекрасный — _____   быстрый — _____

4

Модель:

Как?	Какой?		Как?		Какой?	
интере́сно —	_____	≠	_____		— _____	⇨
интере́сно —	интересный		скучно		— скучный	

1. тру́дно — _____ _____ — _____
2. до́рого — _____ _____ — _____
3. ужа́сно — _____ _____ — _____
4. бы́стро — _____ _____ — _____
5. акти́вно — _____ _____ — _____

5

Вы зна́ете компа́нию «Я́ндекс»? Нет? А «Я́ндекс» зна́ет всё! Э́то как Google, то́лько в Росси́и. Здесь рабо́тают _____ (у́мный) лю́ди и _____ (хоро́ший) специали́сты. Их би́знес — _____ (компью́терный) програ́ммы и _____ (но́вый) техноло́гии. Э́то _____ (са́мый интере́сный российский) компа́ния, но не са́мая изве́стная.

КАКИЕ ИНТЕРЕСНЫЕ КОМПАНИИ ЕСТЬ У ВАС В СТРАНЕ? КАКОЙ У НИХ БИЗНЕС?

6

Вы изуча́ете ру́сский язы́к.
В Росси́и да́же _____ (ма́ленький)
де́ти говоря́т по-ру́сски.
Снача́ла они́ де́лают оши́бки, но пото́м
говоря́т _____ (хоро́ший/хорошо́)
и _____ (пра́вильный/пра́вильно).
Но все в ми́ре ду́мают, что ру́сский язы́к
изуча́ть _____ (нелёгкий/нелегко́),
что э́то _____ язы́к. (тру́дный/тру́дно).

Интере́сно, почему́? _____ алфави́т, (стра́нный/стра́нно)
_____ грамма́тика? (тру́дный/тру́дно)
Говоря́т, что да́же «здра́вствуйте» —
_____ сло́во! (ужа́сный/ужа́сно)
Но э́то _____ (краси́вый/краси́во)
и _____ в ми́ре язы́к, (ва́жный/ва́жно)
у нас _____ литерату́ра (прекра́сный/прекра́сно)
и _____ страна́. (большо́й)
Э́то _____ мотива́ция! (отли́чный/отли́чно)

Когда́ студе́нты изуча́ют ру́сский, они́ ча́сто
говоря́т _____ (бы́стрый/бы́стро)
и _____ (ти́хий/ти́хо).
Э́то са́мая _____ оши́бка! (большо́й)
Говори́ть _____ — (бы́стрый/бы́стро)
э́то _____ иде́я, (плохо́й/пло́хо)
в Росси́и _____ лю́ди (ва́жный/ва́жно)
всегда́ говоря́т _____ (ме́дленный/ме́дленно).

Когда́ вы говори́те _____ (гро́мкий/гро́мко)
и _____ (ме́дленный/ме́дленно),
все вас слу́шают и _____ понима́ют. (хоро́ший/хорошо́)
Е́сли вы говори́те сли́шком _____ (ти́хий/ти́хо),
лю́ди устаю́т вас слу́шать. Снача́ла ва́жно
говори́ть _____ (ме́дленный/ме́дленно),
_____ (гро́мкий/гро́мко)
и максима́льно _____ (пра́вильный/пра́вильно),
а то́лько пото́м бы́стро.
Э́то о́чень _____ (эффекти́вный/эффекти́вно)!

7

Моде́ль: «Та́та» — ма́ленькая дешёвая популя́рная инди́йская маши́на, не о́чень бы́страя.

Росси́я   Герма́ния   Бе́льгия   Андо́рра   (большо́й)

«Буга́тти»   «Те́сла»   «Шко́да»   «Та́та»   (дорого́й)

ша́хматы   футбо́л   фриста́йл   спорти́вная гимна́стика   (опа́сный)

журналист
 солдат
 учитель
 стюардесса

 словарь
 Библия
 «Гарри Поттер»
 «Война и мир»

 метро
 самолёт
 велосипед
 машина / поезд / яхта

 8

1. Собака отдыхает _____ (пол). 2. Что ты делаешь _____ (угол)?
3. Владимир плавает _____ (море), а Катя отдыхает _____ (берег).
4. У меня есть проблема. Я дома, а мой багаж в _____ (аэропорт).
5. Вы знаете хорошие отели в _____ (Крым)? 6. У меня есть сад, а в _____
(сад) есть фрукты.

9 СПРАШИВАЕМ И ОТВЕЧАЕМ:

1. Вы слушали _____ (опера)? 2. Вы смотрели _____
(балет)? 3. Вы читали _____ («Анна Каренина»)?
4. Вы читали _____ («Война и мир»)? 5. Вы покупали
_____ или _____ (дом или квартира)? 6. Вы покупали _____
(машина)? 7. Вы готовили _____ или _____ (паста или пицца)? 8. Вы
писали _____ или _____ (музыка или книга)? 9. Когда вы
покупали _____ (техника), вы читали _____ (инструкция)? 10. Вы
хорошо понимаете _____ (экономика)?

 10 В или на?

_____ работе   _____ офисе   _____ театре   _____ концерте   _____ городе
_____ улице   _____ парке   _____ стадионе   _____ школе   _____ кафе
_____ экзамене   _____ университете   _____ юге   _____ четверг   _____ мире
_____ острове   _____ марте   _____ Интернете

Часть
1.1

Повторение II

11

Пн. — понедельник   Вт. — _____   Ср. — _____
Чт. — _____   Пт. — _____   Сб. — _____
Вс. — _____

12   **Сколько времени?**

7:40 семь сорок _____   14:20 _____
17:35 _____   13:05 _____
6:45 _____   12:00 _____
8:12 _____   9:28 _____
16:14 _____   19:15 _____
11:49 _____   22:33 _____

13   **Модель:** — Кака́я сего́дня пого́да?
         — В Барселоне сегодня +25…27°, солнце.

14 Где ошибки? (12)

1. Я был в о́тпуске. Я жил на гости́нице в мо́ре.
2. Сего́дня пого́да плоха́я, а вчера́ пого́да хоро́шая.
3. Ты хорошо́ игра́ешь в пиани́но! — Ты ещё не зна́ешь, как я игра́ю на те́ннис!
4. Э́то интере́сный кни́га, я её чита́л.
5. Я смотрю́ фи́льмы и слу́шаю му́зыка в Интерне́те.
6. Каки́е больши́е дома́! Как в Нью-Йорк!
7. Что ты де́лаешь вчера́ ве́чером?
8. Э́то магази́н? А что они́ продава́ют?
9. У́тром я де́лаю душ, а пото́м за́втракаю.
10. Миллио́н — э́то большо́й де́ньги!

15 Что он делает?

Пишем рассказ «Мой день»: Утром я обычно ....

УРОК 21

1 **Можно, нельзя, надо.** Как вы думаете, это можно или нельзя делать в России? А у вас в стране?

можно

нельзя

 Можно, нельзя, надо.

Модель: 1. В рестора́не мо́жно есть, но нельзя́ кури́ть.

2. В теа́тре мо́жно смотре́ть и слу́шать, но нельзя́ есть попко́рн.

3. В тюрьме́ на́до сиде́ть и ду́мать, что мо́жно де́лать, а что — нельзя́.

1. В кинотеа́тре _____ есть попко́рн.

2. В самолёте _____ спать, но _____ кури́ть.

3. В теа́тре _____ фотографи́ровать, но _____ спать.

4. В музе́е снача́ла _____ плати́ть, а пото́м _____ смотре́ть.

5. В рестора́не _____ есть и пить, но _____ не плати́ть.

6. В Росси́и _____ говори́ть по-ру́сски.

7. Но́чью _____ гро́мко говори́ть.

8. На рабо́те _____ спать, а в университе́те _____ .

9. _____ снача́ла ду́мать, а пото́м говори́ть!

10. Я не понима́ю, как здесь _____ жить!

3

мочь

я	....	мы	....
ты	....	вы	....
он/она́	....	они́	....

4

1. Лю́ди не .... жить в ко́смосе.
2. Вы .... спать в самолёте?
3. Почему́ ты не .... жить, как все?
4. Я сего́дня не спал, я не .... ду́мать!
5. Вы .... за́втра быть в о́фисе в 7?
6. Вегетариа́нцы не .... есть мя́со.
7. Кто .... рабо́тать в воскресе́нье?
8. Я не .... смотре́ть но́вости, у меня́ стресс!

5

Пишем рассказ:

• что вы умеете и не умеете делать;
• что вы умели и не умели делать раньше;
• что вы можете и не можете делать;
• что вы могли и не могли делать в школе, университете;
• что вы умеете, но не можете делать.

6 У вас есть фантазия? Если нет, смотрите в Интернете.
Что **умеют** и **не умеют, могут** и **не могут** делать взрослые, дети и животные?
Можно писать одно слово максимум **3** раза!

Де́ти	Взро́слые	Живо́тные
	мо́гут	
	не мо́гут	
	уме́ют	
	не уме́ют	

НОВЫЕ СЛОВА

♥ ....

💔 ....

УРОК 22

1

Страна́	Язы́к	Лю́ди
Ита́лия		
Фра́нция		
Герма́ния		
Аме́рика		
Испа́ния		
Нидерла́нды		
А́нглия		
Кита́й		

2

ВЫ ХОРОШО ЗНАЕТЕ ЭТИ СТРАНЫ? КАКИЕ ТАМ ЯЗЫКИ? МОЖНО СМОТРЕТЬ В ИНТЕРНЕТЕ.

> Аргенти́на, Алжи́р, Австра́лия, Герма́ния, Бе́льгия, Люксембу́рг, ~~Аме́рика~~, Швейца́рия, Ка́тар, Испа́ния, Мона́ко, Бага́мские острова́, Кита́й, Кана́да, Чад, Сингапу́р, Мадагаска́р, Гаи́ти, Колу́мбия, Еги́пет, Фи́джи, Маврита́ния, Туни́с, Великобрита́ния

Англи́йский Аме́рика

Францу́зский

Неме́цкий

Испа́нский

Ара́бский

Кита́йский

3

ПИШЕМ ПРАВИЛЬНЫЕ ФОРМЫ.

1. — Почему́ вы изуча́ете _____ ?
   — Потому́ что все лю́бят говори́ть _____ .

2. — Вы говори́те _____ ?
   — Да, чуть-чу́ть. Я сейча́с изуча́ю _____ .

3. Они́ говоря́т _____ .
   Я немно́го понима́ю _____ .

4. — Вы говори́те _____ ?
   — Нет, _____ о́чень тру́дный!

5. — Вы чита́ете _____ ?
   — Ой, нет! Я никогда́ не изуча́л _____ .

итальянский язы́к
по-итальянски
неме́цкий язы́к
по-неме́цки
по́льский язы́к
по-по́льски
фи́нский язы́к
по-фи́нски
кита́йский язы́к
по-кита́йски

82

4 СМОТРИМ НА ФЛАГИ И ПИШЕМ ИНФОРМАЦИЮ В ТАБЛИЦУ. КАК ИХ ЗОВУТ? У НИХ ОДНО ИМЯ ИЛИ РАЗНЫЕ?

Флаг	Именá	Он/онá/они́	Язы́к	Странá	Маши́на	Ку́хня
	Иван Яна/ Жанна	россиянин россиянка россияне	русский	Россия	«Лада»	борщ, блины, квас
	Джон Джейн					
	Джовáнни Джовáнна					
	Жан Жáнна					
	Ян Яна					
	Йохáннес Йохáнна					
	Хуáн Хуáна					
	Жуáн Жуáна					
	Янош Жанéтт					
	Юхáннес Юхáнна					

5

WB10

Читаем тексты. Вы согласны? Если нет, пишем антонимы. Слушаем и проверяем.

Текст 1

Швейца́рия — <u>больша́я</u> страна́, но швейца́рцы живу́т <u>бе́дно</u> и <u>некомфо́ртно</u>. Они́ <u>по́здно</u> встают и рабо́тают <u>ма́ло</u> и <u>пло́хо</u>. Они́ всегда́ де́лают всё <u>непра́вильно</u>. Швейца́рцы говоря́т по-неме́цки, по-францу́зски и по-италья́нски, а ещё зна́ют англи́йский язы́к. Там всё сли́шком идеа́льно!

Швейца́рия — _____ страна́, но швейца́рцы живу́т _____ и
_____. Они́ _____ встаю́т и рабо́тают _____ и _____.
Они́ всегда́ де́лают всё _____. Швейца́рцы говоря́т по-неме́цки,
по-францу́зски и по-италья́нски, а ещё зна́ют англи́йский язы́к. Там всё сли́шком
идеа́льно!

Текст 2

Италья́нцы <u>ужа́сно</u> гото́вят, <u>некраси́во</u> говоря́т и <u>некраси́во</u> живу́т. Они́ говоря́т <u>ме́дленно</u>, но рабо́тают <u>бы́стро</u>. Италья́нский язы́к са́мый музыка́льный в ми́ре. Италья́нцы <u>ре́дко</u> за́втракают в ба́ре. Все ду́мают, что они́ живу́т о́чень <u>пло́хо</u>, но италья́нцы ча́сто говоря́т, что живу́т <u>легко́</u> и <u>бога́то</u>.

Италья́нцы _____ гото́вят, _____ говоря́т и _____ живу́т.
Они́ говоря́т _____, но рабо́тают _____. Италья́нский язы́к са́мый
музыка́льный в ми́ре. Италья́нцы _____ за́втракают в ба́ре. Все ду́мают,
что они́ живу́т о́чень _____, но италья́нцы ча́сто говоря́т, что живу́т
_____ и _____.

6

Делаем презентацию.
Выбираем 2 очень разные страны и пишем рассказы.
Потом рассказываем в классе, другие студенты слушают и думают, какие это страны.

_____
_____
_____
_____
_____
_____
_____
_____

НОВЫЕ СЛОВА

УРОК 23

1

писа́ть

я	_____	мы	_____
ты	_____	вы	_____
он/она́	_____	они́	_____

2

Писать.

Модель:

У меня́ есть хоро́шая програ́мма: я говорю́, а мой компью́тер _____ . ⇨

У меня́ есть хоро́шая програ́мма: я говорю́, а мой компью́тер пишет.

1. Студе́нты регуля́рно _____ те́сты.
2. Что ты всё вре́мя _____ ? Кто э́то чита́ет?
3. Здесь вы _____ , как вас зову́т, а здесь — ваш а́дрес.
4. У меня́ ску́чная рабо́та. Я _____ инстру́кции.
5. Почему́ ты не _____ пи́сьма?
6. Сокра́т мно́го говори́л, но не _____ .
7. Мы краси́во _____ по-ру́сски.

3

кни́га, рома́н, расска́з, ска́зка
блог, стихи́, му́зыка, письмо́
карти́на, зако́н, тест, резюме́
сообще́ние, статья́, пост, коммента́рии

Я пишу́ _____
Я не пишу́ _____
Ра́ньше я писа́л/писа́ла _____
Писа́тели пи́шут _____
Поэ́ты пи́шут _____
Журнали́сты пи́шут _____
Компози́торы пи́шут _____
Худо́жники пи́шут _____
Депута́ты пи́шут _____
Студе́нты пи́шут _____
Ра́ньше лю́ди не писа́ли _____

4

О ком или о чём?

О ком?	— о ма́ме	— о еде́	— о фи́льмах
О чём?	— о рабо́те	— о пробле́мах	— о клие́нтах
	— о спо́рте	— о жи́зни	— о мо́де
	— о друзья́х	— о лю́дях	— о де́тях

5 О ком / о чём они мечтают?

Мáльчик Дúма _____

Дéвочка Óля _____

Мáма и пáпа _____

Бáбушка и дéдушка _____

Марúна _____

Станислáв _____

Кáтя и Олéг _____

Артём _____

6 О или об/обо?

я	обо мне	мы	_____
ты	_____	вы	_____
он	_____	онú	_____
онá	_____		

7

1. Мои друзья живýт в Сибúри. Я ужé расскáзывал _____ .

2. Вы знáете, Áнна чáсто говорúт _____ . А что вы дýмаете _____ ?

3. Я вас не знáю. Вы журналúст? Почемý вы хотúте писáть _____ ?

4. Ты нас слýшаешь? Мы говорúм _____ .

5. Рýсский язы́к óчень интерéсный. Я мнóго дýмаю _____ .

ОБ + а о э у и   Амéрика ⇨ об Амéрике

8

О или об?

о языкé, _____ Итáлии, _____ Áфрике, _____ Япóнии, _____ университéте, _____ юге, _____ Украúне, _____ Егúпте, _____ отéле, _____ эконóмике

9

шкóла — о _____   дéвушки — о _____   полúтика — о _____
жизнь — о _____   погóда — о _____   футбóл — о _____
фúльмы — о _____   кнúги — о _____   эконóмика — об _____
Еврóпа — о _____   Амéрика — об _____   крúзис — о _____
Гермáния — о _____   мигрáнты — о _____   экзáмены — об _____

10

Мы любим читать, что пишут наши студенты.
Вот наш адрес: extraclass@learnrussian.ru
Мы ждём ваше письмо.
У вас может быть хорошая практика и новые друзья!

1. Где вы сейчáс живёте?
2. Где вы изучáете рýсский язы́к?
3. Что вы дéлаете на урóке?
4. О чём вы говорúте на урóке, а о чём не говорúте?
5. Как вы говорúте и понимáете по-рýсски?
6. Вы смóтрите телевúзор? Вы хорошó понимáете, о чём говоря́т?
7. Какúе ещё языкú вы знáете?
8. Какáя у вас учúтельница?
9. Что вы дéлаете вéчером?
10. Вы ужé бы́ли в Россúи? Где?
11. О ком úли о чём вы чáсто дýмаете?

Кому extraclass@learnrussian.ru
_____

Тема
_____

Здрáвствуйте, Станислáв!

_____
_____
_____
_____
_____
_____

Отправить

11 Ваша группа делает проект: журнал или газету.
О ком и о чём вы хотите писать?

НОВЫЕ СЛОВА

УРОК 24

Продукты

1 **КАКИЕ ЭТО ПРОДУКТЫ?**

 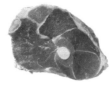  

2 **А) ДЕЛАЕМ ДИАЛОГИ.**

Модель: ☐ — Да, коне́чно. Мину́тку!

☐ — До́брый день! **Мо́жно пи́ццу** «Маргари́та»? ⇨

1. — До́брый день! **Мо́жно пи́ццу** «Маргари́та»?
2. — Да, коне́чно. Мину́тку!

Диалог 1

☐ — У нас есть вода́, ко́ла, сок... Что вы хоти́те?

☐ — До́брый ве́чер! Я о́чень хочу́ пить.

☐ — Мо́жно снача́ла во́ду, а пото́м ко́фе? Спаси́бо!

Диалог 2

☐ — Éсли хо́чешь, у меня́ есть мя́со, карто́шка и сала́т.

☐ — А мо́жно?

☐ — Извини́, я не ем мя́со. Мо́жно про́сто карто́шку и сала́т?

☐ — Приве́т! Хо́чешь есть?

Диалог 3

☐ — Да, я пе́рвый раз в Росси́и. Мо́жно борщ?

☐ — Да, коне́чно.

☐ — А смета́ну?

☐ — Здра́вствуйте! У вас есть борщ?

☐ — Пра́вда?! Не мо́жет быть!

☐ — Смета́ну? А что э́то?.. Ла́дно, смета́ну то́же. Люблю́ риск!

☐ — А он вку́сный? Я ещё никогда́ не ел борщ.

Б) Слушаем и проверяем.

WB11

 Какие продукты нельзя здесь купить?

Суперма́ркет

Мя́со, пти́ца и мясны́е проду́кты	О́вощи и фру́кты	Моло́чные проду́кты
свини́на	капу́ста	сыр
ку́рица	я́блоки	ры́ба
~~кабачки́~~	пече́нье	ма́сло
соси́ски	морко́вка	молоко́
грибы́	баклажа́ны	мали́на
бара́нина	ветчина́	йо́гурт
я́йца	гру́ши	икра́
колбаса́	мёд	хлеб

4

КАКОЙ ВКУС?

сладкий, солёный, ки́слый, го́рький, о́стрый

....

....

....

5

ПИТЬ

я	....	мы	....
ты	....	вы	....
он/она́	....	они́	....

6

1. Извини́те, я не _____ . Я на маши́не.

2. На восто́ке все _____ чай.

3. На ю́ге лю́ди _____ вино́, а на се́вере _____ пи́во и во́дку.

4. Что _____ Дра́кула?

5. Сего́дня я пло́хо говорю́ по-ру́сски, потому́ что вчера́ я мно́го _____ .

6. Когда́ ты _____ , ты не понима́ешь, что де́лаешь!

7. Что вы _____ , когда́ вы у́жинаете в рестора́не?

8. Ро́бот не ест, не _____ и мно́го рабо́тает.

7 Какой сок?

_____

_____

_____

_____

_____

сок

8

есть

я _____ мы _____

ты _____ вы _____

он/она́ _____ они́ _____

Вчера́ он _____

она́ _____

они́ _____

9

1. Бога́тые лю́ди не _____ мно́го.
2. Мы ча́сто не зна́ем, что мы _____ .
3. Уже́ ночь! Почему́ ты _____ ?
4. Мы тури́сты. Мы _____ борщ и блины́.
5. Вчера́ у меня́ был день рожде́ния. Мы _____ большо́й торт.
6. Моя́ соба́ка _____ всё, а я — нет!

10 Пишем продукты в 4 группы. Кто больше?

Поле́зно и вку́сно

_____
_____
_____
_____

Поле́зно, но невку́сно

_____
_____
_____
_____

Вре́дно, но вку́сно

_____
_____
_____

Вре́дно и невку́сно

_____
_____
_____

11

ВАШЕ ТИПИЧНОЕ МЕНЮ:

На за́втрак я ем ⎯⎯⎯⎯⎯⎯⎯⎯⎯⎯ и пью ⎯⎯⎯⎯⎯⎯⎯⎯⎯ .

На обе́д я ем ⎯⎯⎯⎯⎯⎯⎯⎯⎯⎯⎯ и пью ⎯⎯⎯⎯⎯⎯⎯⎯ .

На у́жин я ем ⎯⎯⎯⎯⎯⎯⎯⎯⎯⎯⎯ и пью ⎯⎯⎯⎯⎯⎯⎯⎯ .

Но́чью я ем ⎯⎯⎯⎯⎯⎯⎯⎯⎯⎯⎯⎯ и пью ⎯⎯⎯⎯⎯⎯⎯ .

Когда́ у меня́ стресс, я ем ⎯⎯⎯⎯⎯⎯⎯⎯⎯⎯⎯⎯⎯⎯ и пью

⎯⎯⎯⎯⎯⎯⎯⎯⎯ .

Я никогда́ не ем ⎯⎯⎯⎯⎯⎯⎯⎯⎯⎯ и не пью ⎯⎯⎯⎯⎯⎯ .

12

ИГРАЕМ В МАГАЗИН.

ГОТОВИМ ПОПУЛЯРНЫЙ РУССКИЙ САЛАТ «ОЛИВЬЕ».

СМОТРИМ РЕЦЕПТЫ В ИНТЕРНЕТЕ И ПОКУПАЕМ В МАГАЗИНЕ ПРОДУКТЫ.

КАКИЕ ПРОДУКТЫ ВЫ БЕРЁТЕ?

«Оливье́»

13 **Интервью о еде и диете. Студенты спрашивают, вы отвечаете, потом наоборот.
Что вы едите, а что — нет?**

- Вы вегетариа́нец.
- Вы профессиона́льный бодиби́лдер.
- Ва́ша до́чка – балери́на.
- Вы дре́вний челове́к. Вы неандерта́лец!
- Вы дието́лог. Вы всё зна́ете!

14 **А какое у вас национальное блюдо?
Пишем рецепт, покупаем продукты и готовим!**

НОВЫЕ СЛОВА

1 **Какой это цвет?**

....

....

....

2 **У вас есть фантазия? Пишем, что думаем.**

Модель: Я хочу .... дом. ⇨ Я хочу большой, удобный и красивый дом.

Я хочу .... дом.
Я хочу .... работу.
Я не хочу .... работу.
Я хочу .... характер.
Я люблю .... одежду.
Я хочу .... фигуру.
Я хочу .... машину.
Я хочу .... жизнь.

3 **Nom. / Accus.**

Модель:
    У меня .... (трудная жизнь), а я хочу .... (лёгкая жизнь). ⇨
    У меня трудная жизнь, а я хочу лёгкую жизнь.

1. У меня .... (большая собака), в аэропорту я всегда хочу
.... (маленькая собака).
2. Вы любите .... (русские сувениры)? – Да, можно
.... (русская матрёшка) и ....
(эта футболка)?
3. Я не хочу .... (новая работа). У меня сейчас очень
.... (хорошая работа).

4. Моя́ де́вушка всегда́ на дие́те, она́ хо́чет _____
(краси́вая фигу́ра). Это стра́нно! Я ду́маю, у неё сейча́с _____
_____ (краси́вая фигу́ра).

5. У вас есть _____ (но́вые фи́льмы)? Я люблю́ смотре́ть
то́лько _____ (но́вые фи́льмы).

6. У меня́ в па́спорте _____ (ужа́сная фотогра́фия),
а я хочу́ _____ (краси́вая фотогра́фия).

7. Я люблю́ _____ (мо́дная оде́жда). У вас есть
_____ (мо́дная оде́жда)?

8. Я смотре́л _____ (хоро́шая коме́дия). Это о́чень
_____ (интере́сная коме́дия)!

4 **Это или этот, эта/эту, эти?**

Модель: Это о́чень краси́вые ро́зы. Эта ро́за кра́сная, а эти ро́зы бе́лые.
Я хочу́ эту кра́сную ро́зу.

1. Ты ви́дишь _____ маши́ну? Я ду́маю, _____ маши́на сто́ит о́чень до́рого. Вы
покупа́ете _____ маши́ну?

2. _____ серьёзная пробле́ма. Ты понима́ешь _____ пробле́му?

3. Я хочу́ _____ си́ние брю́ки. А _____ то́же краси́вые брю́ки, но _____ брю́ки не
си́ние, а голубы́е.

4. _____ Андре́й, а _____ его́ де́вушка. Андре́й лю́бит _____ де́вушку, потому́ что
_____ де́вушка лю́бит его́.

5. О! Я иска́л _____ сви́тер! _____ мой люби́мый сви́тер. _____ сви́тер краси́вый и
тёплый!

6. _____ о́чень стра́нная футбо́лка. Я не хочу́ _____ футбо́лку! _____ футбо́лка как
флаг!

7. Я о́чень люблю́ _____ фотогра́фию. _____ фотогра́фия о́чень краси́вая.
_____ твоя́ фотогра́фия?

8. Почему́ ты но́сишь _____ су́мку? — _____ су́мка сли́шком дорога́я!

5 **Выбираем цвета:**

Ваш персона́льный флаг, ваш идеа́льный костю́м, ва́ша маши́на, ваш дом.

Урок 26

1

носить

я		мы	
ты		вы	
он/она́		они́	

2 **Пишем новые слова.**

Мужска́я оде́жда

Же́нская оде́жда

Спорти́вная оде́жда

Делова́я оде́жда

Краси́вая оде́жда

Удо́бная оде́жда

Моя́ люби́мая оде́жда

Моя́ нелюби́мая оде́жда

3 **Какую одежду они носят?**

Футболи́ст

Шко́льник

Президе́нт

Учи́тель

Стюарде́сса

98

Модель:

Вы, носи́ть, краси́вый, и́ли, удо́бный, о́бувь? ⇨

Вы носите красивую или удобную обувь?

1. В, теа́тр, все, носи́ть, краси́вый, оде́жда.

2. Я, носи́ть, дорого́й, костю́м, потому́ что, я, иска́ть, хоро́ший, рабо́та.

3. Вы, всегда́, носи́ть, тёмный, очки́?

4. Ма́льчик, не, мочь, носи́ть, ро́зовый, ша́пка.

5. До́ма, мы, носи́ть, ста́рый, оде́жда.

6. Почему́, ты, не, носи́ть, но́вый, футбо́лка?

7. Настоя́щий, же́нщина, не, носи́ть, джи́нсы.

8. Не, то́лько, спортсме́ны, носи́ть, спорти́вный, оде́жда.

9. Где, солда́ты, носи́ть, краси́вый, фо́рма?

10. Патрио́т, не, носи́ть, иностра́нный, оде́жда.

5 **Де́лаем прое́кт.**

Вы открываете магазин «Одежда».
Какой это магазин? Что вы хотите продавать?
Кто ваши клиенты?
Вы делаете рекламу и каталог.

Потом в классе играем в магазин!
Чей магазин самый популярный?

НОВЫЕ СЛОВА

УРОК 27

1

Модель: информи́ровать — информация

консульти́ровать — _____
эмигри́ровать — _____
опери́ровать — _____
инвести́ровать — _____

организова́ть — _____
информи́ровать — _____
реаги́ровать — _____
рекомендова́ть — _____

2

Что они делают?

тре́нер _____
моде́ль _____
консульта́нт _____
врач _____
инве́стор _____
худо́жник _____
программи́ст _____
фото́граф _____
кри́тик _____
тури́ст _____

3

1. У нас хоро́ший спо́нсор. Он _____ (финанси́ровать) всё.
2. Оппози́ция всегда́ _____ (протестова́ть).
3. Вы _____ (инвести́ровать) де́ньги, а мы _____
   (гаранти́ровать) результа́ты.
4. Газе́ты _____ (публикова́ть) сканда́льные фотогра́фии.
5. Я дире́ктор. Я _____ (контроли́ровать) ва́шу рабо́ту.
6. Кита́й _____ (экспорти́ровать) проду́кцию и _____
   (импорти́ровать) ресу́рсы.

4

Смотрим на слова выше и говорим ваши ассоциации:

«Самсу́нг» — корпорация, организация
проте́ст — _____
Кра́сный Крест — _____
поли́тика — _____
Че Гева́ра — _____
эконо́мика — _____
Интерне́т — _____
жизнь — _____

Читаем предложения. Пишем слова.

эволю́ция, инфля́ция, организа́ция, коммуника́ция,
корпора́ция, оппози́ция, федера́ция, опера́ция

---

1. В суперма́ркете ужа́сные це́ны, потому́ что больша́я _____ .

2. Ра́ньше жи́ли диноза́вры, а сего́дня — мы. Это _____ !

3. У нас есть магази́ны в Аме́рике, в Евро́пе и в А́зии. Мы больша́я _____ .

4. Поли́тики не мо́гут де́лать всё, что хотя́т, потому́ что у нас есть _____ .

5. «Гринпи́с» — са́мая популя́рная экологи́ческая _____ .

6. Я говорю́ по-ру́сски, а вы меня́ понима́ете. У нас хоро́шая _____ .

7. Москва́, Петербу́рг, Ура́л и Сиби́рь — э́то всё Росси́йская _____ .

8. Ты сейча́с о́чень краси́вая. У тебя́ была́ пласти́ческая _____ ?

 Интересы.

А) Что их интересует?

Б) Что вас интересует?

Меня о́чень интересу́ет _____

Меня не интересу́ет _____

Ра́ньше меня́ _____

7

Слушаем программу «Новости» и пишем слова.

WB12

— До́брый ве́чер, вы слу́шаете програ́мму «Но́вости», я журнали́стка Екатери́на Ду́бова, и сего́дня я в Ю́жной Демократи́ческой Респу́блике, в столи́це. _____ в го́роде о́чень опа́сная! Е́сли вы смотре́ли на́ши програ́ммы, вы зна́ете, что в стране́ была́ ужа́сная _____ и больша́я инфля́ция, _____ организова́ла проте́сты и демонстра́ции, и вот сейча́с в го́роде _____, на у́лице а́рмия и поли́ция, президе́нт, говоря́т, уже́ в эмигра́ции, а оппози́ция пи́шет но́вую _____! Я ещё не зна́ю, кака́я реа́кция в ми́ре на э́ту револю́цию, но здесь, на у́лице, позити́вные _____!

8

Дискуссия.

• Вы оппозиция. Сейчас вы на демонстрации.
Что вы там делаете? Почему? Что вы хотите?
Что вы видите?

• Вы президент.
Где вы? Почему? Как вы думаете, почему в стране революция?

9

Пишем эссе: почему люди эмигрируют сегодня и почему делали это раньше?
Какие проблемы у них есть? Вы хотите эмигрировать?

НОВЫЕ СЛОВА

УРОК 28

1 ТРЕНИРУЕМ ВОПРОСЫ.

Модель:

1. в _____ го́роде ⇨ в каком го́роде?
2. на _____ мо́ре ⇨ на каком мо́ре?
3. в _____ стране́ ⇨ в какой стране́?
4. в _____ стра́нах ⇨ в каких стра́нах?

в _____ университе́те?

в _____ шко́ле?

в _____ го́роде?

на _____ у́лице?

в _____ кафе́?

в _____ стра́нах?

в _____ ресторáне?

на _____ страни́це?

Век

Какóй век? + Nom.	**В какóм вéке?** + Prep.
XV век — пятна́дцатый век	в XV вéке — в пятна́дцат**ом** вéке
XX век — двадца́тый век	в XX вéке — в двадца́т**ом** вéке
XXI век — двадца́ть пéрвый век	в XXI вéке — в два́дцать пéрв**ом** вéке

---

2 ОТВЕЧАЕМ НА ВОПРОСЫ. МОЖНО ИСКАТЬ ИНФОРМАЦИЮ В ИНТЕРНЕТЕ.

В как____ вéке жил Христофóр Колу́мб? _____

В как____ вéке жил Леона́рдо да Ви́нчи? _____

В как____ вéке жил Иису́с Христóс? _____

В как____ вéке жил прорóк Муха́ммед? _____

В как____ вéке была́ Втора́я мирова́я война́? _____

В как____ вéке писа́л му́зыку Бах? _____

В как____ вéке была́ пéрвая фотогра́фия? _____

В как____ вéке Росси́я колонизи́ровала Сиби́рь? _____

В как____ вéке мы живём? _____

В как____ вéке бы́ло интерéсно жить? _____

Когда́ Амéрика была́ в Брита́нской импéрии? _____

Когда́ Пóльша и Финля́ндия бы́ли в Росси́йской импéрии? _____

Когда́ был «золотóй век» в вáшей стране́? _____

В как____ вéке вы хоти́те жить? _____

3 Где находится ... ?
Вы хорошо знаете географию?

Океа́ны
Атланти́ческий океа́н, Ти́хий океа́н, Инди́йский океа́н,
Се́верный Ледови́тый океа́н

В како́м океа́не **нахо́дится**:
Мадагаска́р ....
А́рктика ....
Ку́ба ....
Великобрита́ния ....
Занзиба́р ....
Полине́зия ....

4 А) КАКИЕ СТРАНЫ НА ЭТИХ МОРЯХ ВЫ ЗНАЕТЕ?

Модель: Фра́нция нахо́дится **на** Средизе́мном мо́ре.

Моря́
Средизе́мное мо́ре, Адриати́ческое мо́ре, Кра́сное мо́ре, Чёрное мо́ре,
Бе́лое мо́ре, Кари́бское мо́ре, Балти́йское мо́ре...

....
....
....
....
....

Б) А КАКИЕ ОСТРОВА ЕСТЬ В ЭТИХ МОРЯХ?

Модель: О́стров Крит нахо́дится **в** Средизе́мном мо́ре.

....
....
....
....

В) НА КАКОМ МОРЕ ВЫ БЫЛИ?

Модель: Я отдыха́л **на** Кра́сном мо́ре. Я ви́дел кора́ллы **в** Кра́сном мо́ре.

....
....

5

WB13

Свен нарисовал план. Смотрим на план.

А) Слушаем текст и смотрим на план. Где ошибки (10)?

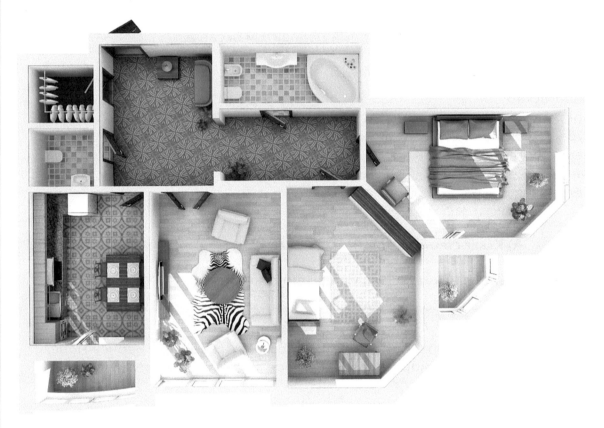

Б) Читаем текст и смотрим на план. Что и где находится в квартире?

— О́-о-о! Э́то Свен! Приве́т!

— Приве́т, О́ля! Как дела́?

— Всё хорошо́, спаси́бо! Всё в поря́дке.

— А где И́горь? Он до́ма?

— Нет, ещё на рабо́те. Ты у нас ещё не́ был. Ну, смотри́, у нас не о́чень больша́я, но удо́бная кварти́ра. Здесь ку́хня, в це́нтре гости́ная, тут де́тская, там спа́льня. Вот ва́нная и туале́т. А ещё у нас есть балко́н, ло́джия и краси́вый вид на парк.

В ва́нной у нас есть всё: ва́нна, душ, ра́ковина, зе́ркало на стене́ и стира́льная маши́на. Здесь мы принима́ем ва́нну и душ. В туале́те унита́з и ра́ковина.

На ку́хне спра́ва стол и сту́лья. Сле́ва плита́, шкафы́ и холоди́льник. Тут ло́джия, на ло́джии цветы́. На ку́хне мы за́втракаем и у́жинаем.

В гости́ной сле́ва пиани́но, на стене́ телеви́зор, в це́нтре стол, на полу́ ковёр. Спра́ва дива́н. Сле́ва и спра́ва кре́сла. На окне́ цветы́ в ва́зе. В гости́ной мы отдыха́ем, смо́трим телеви́зор, игра́ем на пиани́но и слу́шаем му́зыку.

В спа́льне крова́ть, кре́сло, ту́мбочки и карти́на на стене́.

В де́тской крова́ть, большо́й шкаф, компью́тер на столе́. Ди́ма сейча́с в спорти́вном ла́гере, так что э́то пока́ твоя́ ко́мната.

— Спаси́бо большо́е!

— А где ко́шка?

— В ва́нной?

— Нет, она́ не лю́бит во́ду! А, вот она́, на ку́хне! Ой, а где ку́рица?!

6 **А) Читаем текст, пишем слова.**

Коммуна́льная кварти́ра

В _____ (Сове́тский Сою́з) бы́ли коммуна́льные кварти́ры. И сего́дня ещё есть коммуна́льные кварти́ры. Э́то не специа́льные кварти́ры, где живу́т то́лько коммуни́сты. В _____ (коммуна́льная кварти́ра) **ра́зные** се́мьи живу́т вме́сте. У них одна́ ку́хня, одна́ ва́нная и оди́н туале́т. Иногда́ сосе́ди живу́т **дру́жно**, как семья́, а иногда́ конфликту́ют.

В _____ (на́ша коммуна́льная кварти́ра) жи́ли о́чень ра́зные и интере́сные лю́ди. Наприме́р, в _____ (пе́рвая ко́мната) — Петро́вы, во _____ (втора́я) Ивани́дзе, в _____ (тре́тья) — Ма́рченко, а в _____ (четвёртая) — Ро́зманы.

Петро́в рабо́тал на _____ (большо́й **заво́д**). Сосе́ди люби́ли его́, потому́ что до́ма он мог **ремонти́ровать** телеви́зор и́ли холоди́льник. Сосе́ди говори́ли, что у него́ **золоты́е ру́ки**. Его́ жена́ рабо́тала в _____ (шко́ла). У них был сын Ники́та, он люби́л игра́ть в футбо́л в _____ (наш **дли́нный коридо́р**). Сосе́ди говори́ли, что он **хулига́н**. Жи́ли Петро́вы про́сто. В _____ (небольша́я ко́мната) была́ станда́ртная ме́бель.

Ивани́дзе был грузи́н, как Ста́лин. Мо́жет быть, поэ́тому он жил в _____ (са́мая больша́я ко́мната). Он рабо́тал в _____ (ме́бельный магази́н). Э́то была́ о́чень хоро́шая и прести́жная рабо́та. Он люби́л гото́вить, и у него́ всегда́ бы́ли хоро́шие проду́кты: мя́со, фру́кты и грузи́нское вино́. Его́ жена́ Тама́ра рабо́тала в кафе́. Когда́ они́ гото́вили, все сосе́ди сиде́ли на _____ (ку́хня) и смотре́ли, а иногда́ про́бовали _____ (грузи́нская ку́хня). Бы́ло о́чень вку́сно!

Никола́й Ма́рченко рабо́тал в такси́: иногда́ днём, а иногда́ но́чью. Но в _____ (**душа́**) он был арти́ст: когда́ он был до́ма, он игра́л на _____ (**аккордео́н**). Его́ жена́ Га́ля продава́ла на _____ (центра́льный ры́нок) о́вощи, гото́вила прекра́сный борщ и всегда́ гро́мко говори́ла. У них бы́ло две до́чки — Ле́на и Мару́ся, о́чень краси́вые и акти́вные, как ма́ма. Когда́ роди́тели бы́ли на _____ (рабо́та), сёстры то́же игра́ли в _____ (футбо́л).

В четвёртой, самой маленькой комнате жили Розманы, **интеллигенты**. Аркадий работал в _____ (музей), а его жена Сара — в _____ (университетская библиотека). Они жили как в музее: у них в _____ (комната) были картины, старая мебель и большая библиотека. Их сын Марк каждый день играл на _____ (скрипка), очень **долго** и **монотонно**. Когда соседи слушали, как играет Марк, они думали, что футбол в коридоре — это не так плохо! Дети жили дружно, вместе обедали и играли.

В _____ (каждая комната) была стандартная советская мебель: стол в _____ (центр), стулья, кровати, шкафы, книги, и только у Иванидзе была красивая мебель, потому что он работал в _____ (мебельный магазин). Советские люди много читали, и в каждой комнате был большой **книжный** шкаф.

Самое важное место в коммунальной квартире, конечно, кухня! У нас в кухне стояли столы, один холодильник и 4 плиты. Это был **настоящий** клуб! Здесь не только готовили и ели, но и говорили о _____ (работа), о спорте, о политике, о _____ (дети), о жизни. Иногда мы **спорили**, даже **конфликтовали**. На _____ (коммунальная кухня) были горячие дискуссии.

Самое интересное время — утро. Утром все соседи в одно время хотели принимать душ и завтракать. Вы помните, что в квартире была только одна ванная и один туалет, поэтому каждое утро все соседи бегали, как спортсмены на Олимпиаде: кто первый?!

Но были в _____ (коммунальная квартира) и позитивные моменты: все вместе **праздновали** Новый год и дни рождения, вместе готовили, пили грузинское вино, Николай играл на аккордеоне, Марк — на скрипке, все танцевали и думали: как хорошо, что у нас есть соседи!

Ещё в нашей квартире жила старая собака. Все её любили, и было трудно сказать, чья она. Каждый сосед думал, что это его собака, а она думала, что это её квартира!

Б) Как вы думаете, какие плюсы и минусы у коммунальной квартиры?
Организуем дискуссию: одни студенты — за, а другие — против.

В) Решаем проблемы:

- Вы живёте в коммунальной квартире, и соседи едят ваши продукты. Что делать?
- Вы снимаете квартиру, и в ванной есть только горячая вода...
- У вас неделю не работает электричество/Интернет/лифт...

7

Дома рисуем план вашей квартиры и готовим рассказ.
Потом в классе один студент рассказывает о своей квартире, другой спрашивает, слушает и рисует план. Получился правильный план?

ПЛАН ВАШЕЙ КВАРТИРЫ

8 ИГРАЕМ В МАГАЗИН. У ВАС НОВАЯ КВАРТИРА. ЧТО ВЫ ХОТИТЕ КУПИТЬ В МАГАЗИНЕ «ИКЕА»? КАКУЮ МЕБЕЛЬ И ТЕХНИКУ? МОЖНО СМОТРЕТЬ НА САЙТЕ ИЛИ В КАТАЛОГЕ «ИКЕА» HTTPS://WWW.IKEA.COM/RU/RU/.

Студент 1 — продавец.
Студент 2 — покупатель.

1. Вы живёте один/одна в маленькой студии.
2. У вас большая семья: дети и собака.
3. У вас есть муж/жена и маленький ребёнок.
4. Вы студент и живёте в комнате в общежитии.

НОВЫЕ СЛОВА

УРОК 29

1

идти

Мы _____ в кино́.

Он _____ в шко́лу.

Ты _____ домо́й?

Я _____ на футбо́л.

Они́ _____ в клуб.

Вы _____ в кафе́?

е́хать

Я _____ на Байка́л.

Вы _____ на Олимпиа́ду?

Мы _____ в аэропо́рт.

Он _____ в Москву́.

Они́ _____ в экспеди́цию.

Ты _____ в А́фрику?

2

Где? или Куда?

Моде́ль: _____ — в Москве́ ⇨

         Где? — в Москве́

_____ — в Москву́ ⇨

Куда? — в Москву́

_____ ? — в Ло́ндон

_____ ? — в Евро́пе

_____ ? — в Испа́нию

_____ ? — на рабо́те

_____ ? — на футбо́л

_____ ? — на экза́мене

_____ ? — в го́ры

_____ ? — на вечери́нку

_____ ? — на Байка́л

_____ ? — в Сиби́ри

_____ ? — в А́зии

_____ ? — в Кита́й

_____ ? — на конце́рт

_____ ? — в Пари́же

3

Идти/ехать.

1. Куда́ вы _____ ле́том?
2. Куда́ мы _____ ве́чером?
3. Я _____ (кино́).
4. Когда́ мы _____ (да́ча)?
5. Ты _____ (конце́рт)?
6. Ско́ро я _____ (А́встрия).
7. Де́ти _____ (у́лица) гуля́ть.
8. Сего́дня Ле́на _____ (библиоте́ка).
9. За́втра она́ _____ (экза́мен).

10. Ско́ро он _____ (Росси́я).
11. Сейча́с кот _____ гуля́ть _____ (у́лица).
12. Я сего́дня не _____ (университе́т). У меня́ температу́ра.
13. Ско́ро Но́вый год. Мы _____ (Таила́нд).
14. Ско́ро выходно́й. Вы _____ (клуб)?

4 **Идти.**

Моде́ль: Куда́ вы сейча́с _____ ? _____ (парк) ⇨ — Куда́ вы сейча́с идёте?
— Мы сейчас идём в парк.

1. Куда́ вы _____ ?
_____ (музе́й, экску́рсия)
2. Куда́ ты _____ ?
_____ (университе́т, ле́кция)
3. Куда́ он _____ ?
_____ (банк, рабо́та)
4. Куда́ они _____ ?
_____ (о́фис, встре́ча)
5. Куда́ _____ твои друзья́?
_____ (клуб, вечери́нка)
6. Куда́ мы _____ ?
_____ (рестора́н, день рожде́ния)

5 **Ехать.**

Моде́ль: Куда́ вы _____ ? _____ (Москва́) ⇨ — Куда́ вы едете?
— Мы едем в Москву.

1. Куда́ ты _____ ?
_____ (Япо́ния, О́сака)
2. Куда́ вы _____ ?
_____ (Фра́нция, экску́рсия)
3. Куда́ мы _____ ?
_____ (юг, мо́ре)
4. Куда́ он _____ ?
_____ (се́вер, рабо́та)
5. Куда́ они _____ ?
_____ (Жене́ва, конфере́нция)
6. Куда́ она́ _____ ?
_____ (Ита́лия, шо́пинг)

6

Что они делают? Куда они идут или едут? На чём?

бассе́йн

домо́й

библиоте́ка

Он идёт пешком

в бассейн

на тренировку.

Пари́ж

Макдо́налдс

футбо́л

клуб

кино́

пляж

7 СМОТРИМ НА ФОТОГРАФИИ И ПИШЕМ, ЧТО В МОСКВЕ (М.), А ЧТО В САНКТ-ПЕТЕРБУРГЕ (СПБ.).

1

2

3

4

5

6

7

8
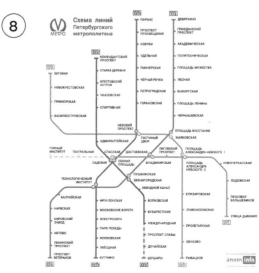

8

Тур в Росси́ю

Програ́мма на неде́лю:

Чт.   Э́то тури́сты. Сего́дня ве́чером они́ _____ в Москву́.
У них больша́я акти́вная програ́мма.

Пт.   У́тром тури́сты _____ на Кра́сную пло́щадь, днём они́ _____ в кафе́,
а ве́чером _____ в Большо́й теа́тр.

Сб.   В суббо́ту они́ снача́ла _____ в музе́й, а пото́м _____ гуля́ть
и покупа́ть сувени́ры. Но́чью тури́сты _____ в Санкт-Петербу́рг
на по́езде.

Вс.   В воскресе́нье у́тром они́ снача́ла _____ в оте́ль, а пото́м _____
в Эрмита́ж на экску́рсию. Ве́чером они́ _____ гуля́ть и смотре́ть
прекра́сный го́род, кана́лы и мосты́.

Пн.   В понеде́льник днём тури́сты _____ в Ру́сский музе́й. Ве́чером
они́ _____ в Марии́нский теа́тр на бале́т.

Вт.   Во вто́рник они́ _____ в Петерго́ф на авто́бусе, а ве́чером _____
на фолк-шо́у.

Ср.   В сре́ду тури́сты _____ гуля́ть в центр, на сувени́рный ры́нок,
а ве́чером все _____ в ру́сскую ба́ню.

Чт.   В четве́рг у́тром они́ _____ в аэропо́рт, а пото́м домо́й!

9

• Каки́е у вас пла́ны на сего́дня? На за́втра?
• На выходны́е? На неде́лю? На сле́дующий ме́сяц?
• Куда́ вы идёте сего́дня ве́чером?
• Куда́ вы идёте за́втра?
• Когда́ у вас о́тпуск? Куда́ вы е́дете?

10

**Пи́шем план на сле́дующую неде́лю. Куда́ вы идёте/е́дете у́тром, днём и ве́чером
в понеде́льник, вто́рник и т. д.?**
Вы мо́жете писа́ть реа́льный план, а мо́жете фантази́ровать!

Понеде́льник	
Вто́рник	
Среда́	

Четве́рг	
Пя́тница	
Суббо́та	
Воскресе́нье	

НОВЫЕ СЛОВА

УРОК 30

1

А) Ходи́ть.

Она́ ча́сто _____ в теа́тр.
Я ре́дко _____ в кино́.
Мы иногда́ _____ в рестора́н.
Ты _____ в фи́тнес-клу́б?
Вы ка́ждый день _____ на рабо́ту?
Ба́бушки никогда́ не _____
   на дискоте́ку.
Я люблю́ _____ в теа́тр.

Б) Е́здить.

Он ча́сто _____ в Росси́ю.
Тури́сты лю́бят _____ на мо́ре.
Мы иногда́ _____ в Ита́лию.
Вы ча́сто _____ на маши́не?
Кто _____ на метро́?
Я никогда́ не _____ на кра́сный
   свет.
В Евро́пе мини́стры _____ на
   велосипе́де.

2

ЭТИ СТУДЕНТЫ ИЗУЧА́ЮТ ЯЗЫКИ́ И КА́ЖДЫЙ ГОД Е́ЗДЯТ НА ПРА́КТИКУ. КТО КУДА́ Е́ЗДИТ?

Моде́ль:

Стив

⇨ Стив изуча́ет туре́цкий язы́к и ча́сто е́здит
   в Ту́рцию.

Ке́вин _____

Ма́ргарет _____

Ро́берт _____

То́мас _____

Лау́ра _____

Ахме́т _____

3 Ходить или ездить?

1. Я трудоголик. Я каждый день _____ на работу.
2. Вы изучаете русский? Вы часто _____ в Россию?
3. Мы студенты. Мы _____ в университет.
4. Это миллионер. Он не _____ в Монте-Карло, он там живёт.
5. Вы любите плавать? Вы _____ в бассейн?
6. У тебя нет девушки, потому что ты не _____ в клуб!
7. Ты любишь горы? Ты часто _____ в Австрию?
8. Все дети _____ в школу, хотят они или нет!
9. Я солдат. Я _____ на танке.
10. Андрей очень религиозный. Он часто _____ в церковь.
11. Мы любим искусство. Мы обычно _____ в отпуск в Италию.
12. Это бизнесмены. Они часто _____ в Китай.

БЫЛ =	ходил ездил	Я был в университете. Я был в Австралии.	= Я ходил в университет. = Я ездил в Австралию.

4 А) Был ⇨ ходил/ездил.

Вчера я не был на работе. ⇨   Вчера я не ходил на работу.
Кто был в Японии? ⇨
Мы были в школе. ⇨
Никто не был в Арктике. ⇨
Вы были в Исландии? ⇨
Мы были в клубе. ⇨
Я был в банке. ⇨
Марко Поло был в Китае. ⇨

Б) Был/ходил/ездил.

Я ездил в Сибирь. ⇨   Я был в Сибири.
Она ходила в музей. ⇨
Он был на работе. ⇨
Мы ездили в Рим. ⇨
Они ходили на концерт. ⇨
Он был дома. ⇨
Вы были в Мексике? ⇨
Она была на Байкале. ⇨

5

Идти или ходить?

А) — Привет! Куда ты _____ ?
— Я _____ в бассейн. Я каждую субботу _____ в бассейн.
— Я тоже хочу _____ в бассейн!

Б) — Здравствуй, Аня! Куда ты сейчас _____ ?
— Я _____ в клуб.
— А я думала, что ты вчера _____ в клуб.
— Да, вчера тоже _____ . Я _____ в клуб каждый вечер. Я там работаю.

6

Ехать или ездить?

— Здравствуйте, Ольга Петровна!
— Здравствуйте!
— Куда вы летом _____ отдыхать?
— В этом году мы _____ на Филиппины.
— Правда?! Как интересно! А куда вы _____ в прошлом году?
— Мы _____ в Италию.
— А мы каждый год _____ на Чёрное море.

7

Идти, ходить, ехать или ездить?

1. Мы живём в Петербурге. Мы всегда _____ на метро.
2. У тебя хорошая фигура! Ты _____ в спортзал?
3. В выходные русские обычно _____ на дачу.
4. Где вы отдыхаете летом? — Мы обычно _____ в Испанию.
5. Я не хочу _____ в Америку: говорят, они нас не любят!
6. У тебя есть матрёшки? — Да, я недавно _____ в Россию.
7. Ольга хорошо плавает. Она _____ в бассейн.
8. Где ты покупаешь фрукты? — Я _____ на рынок.
9. В Петербурге есть туристы? — Да, туристы любят _____ в Петербург!
10. У тебя есть собака? — Да, мы сейчас _____ гулять.
11. Вы говорите по-фински? Вы часто _____ в Финляндию?
12. Я работаю в банке. На работе все _____ в костюмах.
13. У тебя есть время? — Нет, я сейчас _____ в банк.
14. Я таксист. Я _____ на машине день и ночь.
15. Моя жена не любит готовить, мы обычно _____ в ресторан.
16. Мой муж говорит, что больше меня не любит. Я не знаю, куда _____ !
17. Ты куда? — У меня болит голова! Я _____ в аптеку.

Куда?	Где?
туда́	там
сюда́	здесь
домо́й	до́ма

8 **Куда или где? Домой или дома? Сюда или здесь? Туда или там?**

Моде́ль: Её муж _____ . Она́ идёт _____ . (до́ма/домо́й) ⇨
Её муж дома. Она́ идёт домой.

1. _____ ты живёшь? _____ ты е́дешь? (куда́/где)
2. Я живу́ _____ . Друзья́ иду́т _____ . (сюда́/здесь)
3. И́горь е́дет _____ . О́льга уже́ _____ (домо́й/до́ма)
4. Что ты _____ де́лаешь? Я не хочу́ _____ идти́. (туда́/там)
5. Я иду́ _____ . Вчера́ я то́же был _____ . (домо́й/до́ма)
6. _____ он был? _____ он идёт? (куда́/где)
7. Ра́ньше я жил _____ . Сейча́с я е́ду _____ (туда́/там)
8. Кто _____ идёт? Что вы хоти́те _____ де́лать? (сюда́/здесь)
9. Я сего́дня _____ , потому́ что не зна́ю _____ идти́. (домо́й/до́ма; куда́/где)
10. Обы́чно тури́сты не е́здят _____ , потому́ что _____ опа́сно! (сюда́/здесь)

9

• Вы работаете дома или в офисе? Где работать лучше?
• На чём вы обычно ездите на работу? Это удобно?
• Вы хотите ходить на работу пешком?

10 **ЧИТАЕМ СЛОВА, ПОТОМ ЧИТАЕМ ТЕКСТ И ЗАДАЁМ ВОПРОСЫ.**

доро́га

про́бка

дирижёр

лета́ть

парко́вка

уда́ча

Модель: _лю́ди_ ➪ кто?

Я éду на рабóту

Почти́ все <u>лю́ди</u> éздят <u>на рабóту</u> и дéлают э́то почти́ кáждый день. Иногдá лю́ди хóдят на рабóту **пешкóм**, но э́то <u>рéдкая</u> **удáча**. Иногдá éздить на рабóту — э́то ужé <u>трýдная</u> рабóта! <u>У меня́</u>, напримéр, есть <u>маши́на</u>, но éздить <u>на маши́не</u> <u>трýдно</u>: у́тром и <u>вéчером</u> **на дорóге** всегдá **прóбки**. И **паркóвка** в цéнтре — э́то тóже большáя проблéма! Поэ́тому я éзжу <u>на метрó</u>: <u>в Москвé</u> и Санкт-Петербýрге э́то óчень популя́рно! Метрó <u>бы́строе</u>, **чи́стое**, недорогóе, и стáнции <u>краси́вые</u>. Я знáю, иногдá лю́ди дýмают, что éздить на метрó непрести́жно. Они́ говоря́т: «Я не éзжу <u>на метрó</u>!» — и дýмают, что э́то знáчит «Я <u>богáтый</u>, я не простóй человéк!» Конéчно, всё не так прóсто: напримéр, рáньше в Китáе <u>все</u> éздили **на велосипéде**, а сейчáс éздят на маши́не, а в Еврóпе, где лю́ди живýт <u>богáто</u> и <u>у них</u> всё есть, **наоборóт**: рáньше все éздили <u>на маши́не</u>, а <u>сейчáс</u> éздят **на велосипéде**. А оди́н <u>мой</u> студéнт, **дирижёр**, **летáет** <u>на рабóту</u> **на самолёте** почти́ кáждый день! Прáвда, ужé сейчáс лю́ди мóгут рабóтать дóма <u>в Интернéте</u>, а не éздить <u>на рабóту</u>!

11

ЧИТАЕМ И ПИШЕМ СЛОВА ИЗ ТЕКСТА:

> дирижёр, пешкóм, дорóга, летáть, прóбки, чи́стая,
> наоборóт, парко́вка, велосипéд, удáча

1. Вы́играть в лотерéю — э́то большáя _____ .
2. Я не люблю́ éздить на маши́не, потомý что у́тром в гóроде _____ .
3. Мы полдня́ искáли _____ в цéнтре. У́жас!
4. Врачи́ говоря́т, что полéзно ходи́ть _____ .
5. Здесь нельзя́ плáвать, водá не óчень _____ .
6. Все знáют, что в Еврóпе хорóшие маши́ны и _____ .
7. У нас в оркéстре талáнтливый _____ .
8. Самолёт не éздит, он _____ .
9. _____ мóжет éхать, но не мóжет стоя́ть.
10. Летáть на самолёте дёшево, а ходи́ть пешкóм дóрого. — Нет, _____ .

12

- А как вы éздите на рабóту?
- Вы чáсто éздите на маши́не? А на велосипéде?
- У вас в гóроде есть прóбки?
- Паркóвка в цéнтре — э́то не проблéма?
- Вы тóже дýмаете, что éздить на метрó непрести́жно?
- Вы хоти́те летáть на рабóту на самолёте?
- Вы хоти́те рабóтать дóма и не éздить на рабóту?

13 Пишем рассказы (3): куда вы ездили, куда вы там ходили и что делали.

1.

2.

3.

НОВЫЕ СЛОВА

1

Страна́	Язы́к	Лю́ди
Ита́лия		
Фра́нция		
Герма́ния		
Аме́рика		
Испа́ния		
А́нглия		
Кита́й		
Росси́я		

2

хоро́ший — хорошо́
Ты игра́ешь о́чень _____ , но у тебя́ не о́чень _____ инструме́нт.

плохо́й — пло́хо
Гости́ница была́ _____ , пого́да то́же! Мы никогда́ не отдыха́ли так _____ !

прекра́сный — прекра́сно
У вас _____ литерату́ра! — А вы _____ говори́те по-ру́сски!

краси́вый — краси́во
Ты о́чень _____ танцу́ешь! — А у тебя́ _____ глаза́!

ужа́сный — ужа́сно
У тебя́ _____ рабо́та! Ты про́сто _____ живёшь!

интере́сный — интере́сно
Я чита́ю о́чень _____ кни́гу! А́втор пи́шет о́чень _____ .

3

Мочь или **уметь?**

1. Я _____ игра́ть на пиани́но, но сейча́с не _____ : уже́ ночь!
2. Как ты _____ есть то́лько бутербро́ды? Ты что, не _____ гото́вить?
3. Я не _____ смотре́ть на э́ти фотогра́фии! Ты абсолю́тно не _____ фотографи́ровать!
4. Е́сли ты не _____ пла́вать, ты не _____ рабо́тать в мо́ре!
5. Я не _____ тебя́ люби́ть, потому́ что ты не _____ танцева́ть!
6. Я _____ писа́ть, а ты _____ рисова́ть! Мы _____ де́лать кни́ги!

4

1. Я покупа́ю _____ (больша́я маши́на), потому́ что у меня́ _____ (больша́я зарпла́та).

2. У меня́ есть _____ (интере́сная информа́ция). Вы хоти́те знать _____ (интере́сная информа́ция)?

3. Мы смотре́ли _____ (хоро́шая коме́дия). Пра́вда, э́то о́чень _____ (хоро́шая коме́дия)!

4. У меня́ есть _____ (отли́чная иде́я)! — Я зна́ю _____ (твоя́ отли́чная иде́я).

5. Э́то о́чень _____ (дорога́я футбо́лка). Я не хочу́ _____ (дорога́я футбо́лка)!

6. У тебя́ _____ (кра́сная ку́ртка) и _____ (зелёные брю́ки)! Кто но́сит _____ (кра́сная ку́ртка) и _____ (зелёные брю́ки)?

5 Э́то или э́тот, э́то, э́та/э́ту, э́ти?

1. Я не хочу́ смотре́ть _____ фильм. Говоря́т, _____ ску́чный фильм.

2. _____ не о́чень хоро́шая му́зыка. Почему́ вы слу́шаете _____ му́зыку?

3. Где ты покупа́л _____ часы́? _____ о́чень краси́вые часы́!

4. _____ о́чень стра́нный сала́т! Я не хочу́ есть _____ сала́т.

5. Что де́лают _____ лю́ди? Ты ду́маешь, _____ хоро́шие лю́ди?

6. _____ ру́сская студе́нтка. _____ студе́нтка говори́т по-ру́сски. Вы зна́ете _____ студе́нтку?

6 Что обы́чно есть в гости́ной, в спа́льне?.. Что вы там де́лаете?

Моде́ль: В гости́ной есть _____. Мы там _____. ⇨
В гости́ной есть дива́н, телеви́зор. Мы там отдыха́ем.

В спа́льне есть _____
Я там _____

В де́тской есть _____
Де́ти там _____

На ку́хне есть _____
Я там _____

В ва́нной есть _____
Я там _____

7

Идти/ходить:

Диалог 1

— Куда́ вы _____ за́втра?

— Мы _____ в теа́тр на «Травиа́ту».

— Вы ча́сто _____ в теа́тр?

— Да, на про́шлой неде́ле мы _____ на бале́т «Лебеди́ное о́зеро».

Диалог 2

— Приве́т! Куда́ ты _____?

— Я _____ в бассе́йн. Я ка́ждую суббо́ту _____ в бассе́йн.

— Я то́же хочу́ _____ в бассе́йн. Я люблю́ пла́вать.

Диалог 3

— Здра́вствуй, А́ня! Куда́ ты _____?

— Я _____ в клуб.

— А я ду́мала, что ты вчера́ _____ в клуб!

— Да, вчера́ то́же _____ . Я _____ в клуб ка́ждый день. Я там рабо́таю.

Диалог 4

— Приве́т! Я сейча́с _____ в кино́ на но́вый фильм. Ты уже́ _____?

— Нет, ещё не _____ . Я ре́дко _____ в кино́, я люблю́ на футбо́л.

— Я то́же. Вчера́ я _____ на о́чень интере́сный матч.

— Пра́вда? Жаль, что я не ходи́л.

8

Ехать/ездить:

Диалог 1

— Каки́е у вас пла́ны? Куда́ вы _____ отдыха́ть?

— В э́том году́ мы _____ в Со́чи. В про́шлом году́ мы _____ в Еги́пет.

— А мы обы́чно _____ отдыха́ть на да́чу.

Диалог 2

— Здра́вствуйте, О́льга Петро́вна!

— Здра́вствуйте, Еле́на Ви́кторовна!

— Каки́е у вас пла́ны на ле́то? Куда вы _____ отдыха́ть?

— В э́том году́ мы _____ в Испа́нию.

— Пра́вда?! Как интере́сно! А куда́ вы _____ в про́шлом году́?

— Мы _____ в Ита́лию, в Рим и Вене́цию.

— А мы ка́ждый год _____ на Чёрное мо́ре.

Диалог 3

— Привéт! Какáя встрéча!

— Привéт! Рáда тебя́ ви́деть! А что ты дéлаешь в метрó?

— Как что? Я _____ на рабóту, как все нормáльные лю́ди.

— Я дýмала, ты всегдá _____ на маши́не.

— Да, но сегóдня в цéнтре фестивáль, поэтомý _____ на метрó.

Диалог 4

— Здрáвствуйте! Я инспéктор Петрóв. Кудá вы так бы́стро _____?

— У меня́ сегóдня хорóший день! И погóда прекрáсная! Когдá идёт дождь, я обы́чно _____ мéдленно.

— Я понимáю, у вас хорóший день, но здесь дорóга не óчень хорóшая! Здесь всегдá нáдо _____ осторóжно!

 Где здесь ошибки (10)?

1. Погóда сегóдня óчень хорошó!
2. Все знáют, что я хорошó танцевáю.
3. Я не люблю́ говори́ть о рабóта.
4. Нóвый коллéга рабóтает мéдленный.
5. Ты мóжешь игрáть в тéннис?
6. Я хорошó знáю рýсская истóрию.
7. Тури́сты éдут борщ и блины́.
8. Óчень комфóртно жить в Сéверном Еврóпе!
9. Я не умéю спать, у меня́ стресс.
10. Я люблю́ кóфе, потомý что я итальянский.

Урок 1

ТВ01

Задание 1

кот, какао, атом, комета, томат

рок, театр, карта, карате, мотор, метро, ракета, караоке
стресс, маска, ксерокс, космос, тест, тост, текст
танк, тонна, ресторан, момент, норма
Москва, Вена, евро, Верона, ветеран
кино, вино, Токио, такси, система, три, Америка, математика, Интернет, сим-карта
кактус, турист, сувенир, сауна, минута, институт, университет, коммунист
характер, хакер, Хиросима, монарх, Христос, Аллах

банк, банкомат, Берн, брат, бомба, бар, Бонн, автобус
гитара, гимнастика, Аргентина, гамбургер
документ, адрес, кредит, демократ, директор, идиот, видео
виза, ваза, роза, казино, кризис, бизнес, бизнесмен
литр, лимон, миллион, клиент, клуб, коллега, интеллект, балет, баланс, километр, килограмм, телевизор
парк, порт, капитан, паспорт, Европа, Петербург, группа, проблема, поликлиника, парламент, транспорт, супер
офис, фирма, факт, кофе, кафе, фабрика, футбол, телефон, факс, фотограф, Африка, фантастика
музыка, музыканты, Крым, туристы, продукты, ресурсы, клиенты, студенты
экономика, экономист, аэропорт, экзамен, эротика, эспрессо

актёр, партнёр, репортёр, боксёр
май, йогурт, йога, сайт, «Фейсбук», «Тойота», дизайнер, музей
бюро, бюрократ, бюджет, юмор, сюрприз
Россия, Италия, Азия, Япония, компания, демократия

журнал, журналист, менеджер, джинсы, жираф
центр, цунами, ситуация, корпорация, коррупция
чек, чемпион, Чили, матч, капучино
шок, шоколад, машина, шофёр, суши, шампанское
борщ, женщина, компьютерщик

объект, субъект
Нью-Йорк, Неаполь, секретарь, апрель, октябрь

ТВ02

Задание 2

к, е, м, т
с, н, и, у, х, р, в
п, д, э, з, ы, ф, г, б
ю, я, й, ё, ю, й, ё
ж, ч, ц, ш, ч, щ, ш

ТВ03

Задание 3

телефон, матч, центр, багаж, водка, гитара, футбол, турист, карта

ТВ04

Задание 4

журнал, парк, школа, офис, видео, студент, роза, юмор, бизнес

ТВ05

Задание 5

паспорт, опера, килограмм, аэропорт, музыка, лимон, кофе, проблема, такси, кредит, виза, сауна, чемпион, студент, гамбургер, сувенир, борщ, йогурт, ситуация, суши

Урок 2

ТВ06

Задание 1

ла, лу, лё, ле, лы
дя, ду, до, де, ди
та, ту, тё, тэ, ты
мя, му, мё, ме, мы

ТВ07

Задание 2

лампа, Лаос, школа
литр, лимон, Монголия
«Ла Скала» — Аляска; Лондон — Ленин

да, дата, туда
дядя, демон, демократ, бандит, студент, дети
дантист — демон; дом — дело

эта, тот, тут
тема, театр, тётя, тип, институт
турист — террорист; тост — текст; атака —
аптека

мы, дам, ум, дом, дама, дóма, мама, там, дума,
том, мода
комета, механик, микроскоп, минимум, Мюнхен
март — метр; мотор — метро

TB08

Задание 3

кофе, Москва, доктор
ресторан, Лондон, Монтана, вода, водка,
кофе, отель, Россия, кока-кола, Вашингтон,
профессия, офис, школа, фотография,
директор, Петербург, Мюнхен
театр, метр, метро, ракета, теория, система,
секунда, Вена, Венеция, математика, техника,
литература

TB09

— Здравствуйте!
— Здравствуйте!

— До свидания!
— До свидания!

— Извините!
— Ничего!

— Привет! Я Марк.
— Привет! Я Лера.

— Пока!
— Пока, мама!

— Спасибо!
— Пожалуйста!

— Привет, Марк! Как дела?
— Спасибо, хорошо!

— Что значит «привет»?
— Hi!

— Как по-русски «taxi»?
— Такси!

TB10

Задание 6

Слушаем звуки и говорим, что это. Проверяем.
(ключ)

Урок 3

TB11

Задание 1

а — о — у — ы
у — ы; бу — бы; му — мы; ту — ты
ы — и; мы — бы — ты — вы — ды — ры
бы — би; мы — ми; ды — ди; ты — ти; вы — ви

у — о; у — ы; у — а; ы — а
думать — дым; музыка — мыло
слушать — слышать; думать — дышит
туча — тысяча; вулкан — выход; суп — сын

Кто это? — Это Дима.   Что это? — Это дом.
Кто это? — Это Миша.   Что это? — Это мыло.
Что это? — Это Рига.   Что это? — Это Крым.

TB12

Задание 2

на, ню, но, не, ни
бя, бу, бо, бе, бы
пя, пу, пё, пе, пы
ва, ву, вё, ве, вы
фа, фу, фо, фе, фи

TB13

Задание 3

он, нота, тонна, Анна, Антон
Непал, Днепр, небо, Нил
нота — нет; норма — нервы

Бонн, бомба, банан, баба
бюрократ, билет, белорус
банк — Берн; бар — бюро

пума, папа, пан; папа — баба; пот — бот
Пекин, спектакль, пингвин, пистолет
порт — Пётр; парк — пик

вода, вот, два, Москва
вирус, Виктор, викинг, ответ, привет
ваза — виза; ванна — Вена; варвар — викинг

фото, Уфа, фантом, факт
финиш, кофе, фестиваль
финн — фото; феномен — фонтан; финансист —
фантаст

ТВ14

Задание 5

Диалог 1

— Алло!
— Оскар, это ты?
— Да, это я. Привет, Катя.

Диалог 2

— Кто там?
— Мама, это мы.

Диалог 3

— Кто там?
— Мама, это я.

Диалог 4

— Алло!
— Привет, Максим! Это я!
— Кто — я?
— Как кто? Это директор!

Диалог 5

— Алло! Это полиция?
— Да. А вы кто?
— Я журналист.
— Правда?

Диалог 6

— Это вы?
— Нет, это не мы!

Урок 4

ТВ15

Задание 1

чи — ча — чо — че — чу
чи — чи; читать; учитель
ча — ча; изучать; часто
чо — чо; чёрт
че — че; чей учебник
чу — чу; хочу чудо

ТВ16

Задание 2

Я	Е	Ё	Ю
я	ешь	её	юг
моя	есть	моё	юмор
Ялта	если	твоё	Югославия

ТВ17

Задание 3

— Антон читает?
— Да, он читает.

— Ты работаешь?
— Да, я работаю.

— Вы играете?
— Да, мы играем.

— Вы знаете?
— Нет, не знаю.

— Ты отдыхаешь?
— Да, я отдыхаю.

— Вы отдыхаете?
— Да, мы отдыхаем.

ТВ18

Задание 4

тА		тА — та	
где	стол	время	папа
нет	стул	имя	группа
гид	класс	книга	море
да	кто	дядя	кофе
дом	что	сумка	
ночь			

та — тА		та — тА — та	
актёр	театр	актриса	машина
вино	таксист	газета	мужчина
окно	турист	гитара	проблема
журнал	музей	директор	профессор
Привет!	Пока!	компьютер	

та — та — тА	
адвокат	журналист
инженер	магазин
телефон	музыкант
капитан	секретарь
ресторан	

ТВ19

Задание 6

1. — Что ты делаешь?
   — Я читаю.

2. — Что вы делаете?
   — Я отдыхаю.

3. — Ты играешь в футбол?
   — Нет, я играю в волейбол. А ты?

4. — Ты работаешь?
   — Да, я работаю.

5. — Вы знаете английский?
   — Да, я знаю. А вы?

6. — Что ты слушаешь?
   — Я слушаю рэп.

7. — Что вы делаете?
   — Мы изучаем итальянский.

TB20

Задание 10

— Вы работаете?
— Вы мало отдыхаете?
— Вы много думаете?
— Вы много знаете?
— Вы знаете английский язык?
— Вы изучаете русский язык?
— Вы слушаете радио?
— Вы слушаете рок?
— Вы играете в футбол?
— Вы много читаете?
— Вы понимаете вопрос?
— Вы делаете селфи?

Урок 5

TB21

Задание 1

ла, лю, ло, лэ, ли
дя, ду, дё, де, ды
тя, тю, то, тэ, ты
ма, му, мё, ме, мы

TB22

Задание 2

ра — ря; ру — рю; ро — рё; рэ — ре; ры — ри
радио — рядом; руки — брюки; рыба — река;
рок — турист; рыба — Рига

TB23

Задание 3

та — тА	тА — та	тА — та — та	та — та — тА
гулять	завтрак	завтракать	отдыхать
обед	мало	ужинать	отвечать
отвст	много	спрашивать	говорить
курить	ужин	слушаю	говоришь

TB24

Задание 4

Разные люди говорят на разных языках. На каком языке они говорят? (ключ)

TB25

Задание 5

Диалог 1

— Ты обедаешь?
— Нет, я не обедаю, я завтракаю.

Диалог 2

— Вы сейчас гуляете?
— Сейчас нет. Я работаю. Я гид. Я много знаю. Туристы слушают и спрашивают, а я отвечаю.

Диалог 3

— Вы сейчас отдыхаете?
— Нет, я работаю. Я фотограф: я гуляю и делаю фото.

Диалог 4

— Кто это? Что он делает?
— Это турист. Он гуляет и смотрит город.

Диалог 5

— Что ты смотришь?
— Я смотрю бокс.
— Я не понимаю, как ты это смотришь!

Диалог 6

— Ты куришь?
— Конечно, нет! Ты знаешь, что я не курю!

Диалог 7

— Вы думаете, она работает?
— Нет, она не работает! Она смотрит фильм.

Диалог 8

— Я говорю, а вы не слушаете!
— Конечно, мы слушаем, но мы не понимаем, что вы говорите!

Диалог 9

— Ты помнишь, кто я?
— Конечно! Я не идиот. Я помню всё!

TB26

Задание 7

1. Эрик гуляет. 2. Симона читает. 3. Саманта говорит. 4. Марко плавает. 5. Софи и Пьер ужинают. 6. Кристиан работает. 7. Али отдыхает. 8. Майкл слушает. 9. Луис и Хуан играют.

Урок 6

ТВ27

Задание 1

мы — ми	ты — ти	мы — меня
на — ня	нас — меня	ты — тебя

ТВ28

Задание 2

е — ё	а — е	е — ё
а — я	а — я	и — я

суп — система; соус — спасибо; сумка — такси
за — зя   зу — зю   зо — зё   зэ — зе   зы — зи
зона — зебра; виза — визит
Это ваза. Это суп. Это мост. Это роза. Роза тут.
Такси там. Вот виза.
суп — зуб; вас — ваза; сон — зона; сад — зад

ТВ29

Задание 3

та — тА	тА — та	та — тА — та
меня	Маша	спасибо
тебя	Миша	приятно
её	очень	фотограф
зовут	слушать	Марина

та — та — тА	та — та — тА — та
музыкант	архитектор
комплимент	отдыхаю
президент	говорите
программист	балерина

ТВ30

Задание 5

Диалог 1

— Здравствуйте! Как вас зовут?
— Меня зовут Анна Петровна. А вас?
— Меня зовут Игорь Петрович.
— Очень приятно!

Диалог 2

— Привет! Как тебя зовут?
— Меня зовут Катя. А тебя?
— А меня Макс.
— Очень приятно!

Диалог 3

— Меня зовут Владислав. А вас?
— А меня Мария.

— Я архитектор. А вы?
— А я экономист.

Диалог 4

— Меня зовут Алина. А тебя?
— А меня Том.
— Я студентка. А ты?
— А я музыкант.

ТВ31

Задание 7

Что ты говоришь? Я тебя не понимаю!
Я его не знаю... Что он здесь делает?
Это Лена и Света. Ты их помнишь?
Привет! Меня зовут Юля.
Алло! Я вас слушаю!
Мы туристы! Вы нас понимаете?
Я её знаю! Её зовут Мария!

ТВ32

Задание 8

Диалог 1

— Здравствуйте! Меня зовут Дмитрий. А как вас зовут?
— Очень приятно! Меня зовут Елена.
— Очень приятно! А кто вы? Что вы здесь делаете?
— Я туристка. Я здесь отдыхаю.
— А я здесь работаю. Я бармен.
— Правда? Кофе, пожалуйста!

Диалог 2

— Привет, меня зовут Миша.
— А меня Маша.
— Очень приятно! Я думаю, ты модель.
— Спасибо за комплимент, но я не работаю. Я студентка. Я изучаю дизайн.
— Правда? Как интересно!
— А ты студент?
— Нет, я фотограф.

Урок 7

ТВ33

Задание 1

лу — лю	ла — ля
Луна — люблю	лампа — гулять
ло — лё	лы — ли
слово — Алёна	кораллы — модели

бу — бю   ба — бя   бы — би
буква — бюджет   банк — тебя   клубы — бистро

говорит, что любит смотреть телевизор, он её не понимает.

Текст 3

Его зовут Дима. Он школьник. Он много играет и не любит читать. Он думает, что папа и мама его не понимают.

Урок 8

ТВ34

Задание 2

смотреть — смотрит   дела — делать
спортсмен — спорт   отвечать — ответ
столы — стол   тебя — аптека
отдыхать — отдых   телевизор — студент
зовут — очень   меня — место

малярия — ясно
лягушка — земля
мясной — мясо
пятнадцать — пять
прямой — пятница

ТВ37

Задание 1

Б — П   В — Ф   Г — К   Д — Т   Ж — Ш   З — С
Год.   Ад.   Это сад.   Там запад.   Это гид.
Это клуб.   Это хлеб.   Это зуб.   Он сноб.
Это глаз.   Это рассказ.   Это приказ.   Это газ.

сад — сады   гид — гиды   город — города
клуб — клубы   раб — рабы   гриб — грибы
флаг — флаги   враг — враги   блог — блоги
глаз — глаза   рассказ —   круиз — круизы
                рассказы

ТВ35

Задание 3

Антон любит бокс.
Миша любит бокс.
Маша любит гулять.
Катя и Вера любят смотреть телевизор.
Маша не любит играть в теннис.
Антон не любит играть в теннис.
Миша любит читать.
Катя и Вера не любят читать.
Антон любит гулять.
Катя и Вера любят играть в теннис.
Антон любит смотреть телевизор.
Миша не любит смотреть телевизор.
Катя и Вера любят гулять.
Миша не любит гулять.
Катя и Вера не любят бокс.
Маша не любит бокс.
Миша любит теннис.
Антон не любит читать.
Маша любит читать.
Маша не любит смотреть телевизор.

ТВ38

Задание 2

ка — ку — ко — ке — ки
карта, Куба, комплекс, ракета, километр
сумка — сумки

га — гу — го — ге — ги
гараж, гуру, город, герой, гимнаст
книга — книги
Это друг. Это враг. Это флаг.

ха — ху — хо — хе — хи
характер, хулиган, хор, химик
дух — духи

ТВ39

Задание 3

кот — котУ — котОм — котЫ
гостЬ — гостЮ — гостЕм — гостИ
мамА — мамУ — мамОй — мамЫ
семьЯ — семьЮ — семьЁй — семьИ

ТВ36

Задание 6

Текст 1

Её зовут Ольга. Она экономист. Она не любит работать, но работает много. Она любит отдыхать и смотреть телевизор. Она знает, что Игорь её любит.

Текст 2

Его зовут Игорь. Он биолог. Игорь любит работать и работает много, день и ночь. Он много читает и много знает. Когда Ольга

ТВ40

Задание 7

— Где деньги?
— Я не знаю, где они.

— Что это?
— Это сувениры: матрёшки и футболки.

Сейчас экзамен. Студенты говорят, а профессор слушает.

Здесь туристы смотрят картины и скульптуры.

Это билеты, а это — паспорта и визы.

Здесь спагетти, а там фрукты.

Здесь клиенты смотрят отели и покупают билеты.

Здесь работают политики: либералы, консерваторы и коммунисты.

Здесь гуляют мужчины, женщины, дети и собаки.

Урок 9

ТВ41

Задание 1

Ш   Ч   Щ   Ж

о — шо — шок — хорошо
у — шу — пишу — шутка
а — ша — шапка — Маша — Миша
э — ше — шесть — шеф
ы — ши — шик — пишите — ошибка
уже — ужасно — жить — жарко — журнал — пожалуйста
душ — муж — гараж — этаж
жар — шар   жить — шить   жесть — шесть
чай — час — чек — чуть-чуть — четыре — чемпион

ТВ42

Задание 2

щи — ищи   що — ещё   щу — ищу
борщ — площадь — овощи
женщина   мужчина   счастье

ТВ43

— У тебя есть время?
— Да, есть.

— У вас есть диплом?
— Нет, ещё нет.

— У него есть паспорт?
— Нет, у него нет. / Нет, нету.

— У нас есть билеты?
— Да, уже есть.

ТВ44

Задание 5

Диалог 1

— Здравствуйте! У вас есть билеты в Токио?
— К сожалению, нет.

Диалог 2

— Здравствуйте! У вас есть матрёшки?
— Конечно, есть, и очень много!

Диалог 3

— У вас есть кофе?
— Конечно, есть! Это Италия!

Диалог 4

— Здравствуйте! У вас есть «Айфон-10»?
— Ещё нет.

Диалог 5

— У вас есть бизнес-ланч?
— Извините, нет.

Диалог 6

— Доброе утро! У вас есть аспирин?
— Да, есть! Что ещё?

Диалог 7

— Здравствуйте!
— Здравствуйте! У вас есть паспорт и фотография?

Урок 10

ТВ45

Задание 1

ай — ой — ей — уй — ый — ий
май, дай, мой, твой, свой, новый, старый, хороший, синий

ТВ46

Задание 2

Это твоя жена?
Да, это моя жена.

Это твой брат?
Да, это мой брат.

Это твой дом?
Да, мой.

Это твой билет?
Да, мой.

Это Иван. Он мой брат.
Это Антон. Он мой друг.

Новый друг. Старый дом. Хороший план.

Кто это? — Это мой друг.
Кто это? — Это мой брат.
Кто это? — Это Иван.

Задание 3

тА	тА — та
муж, дочь	дети, ужин, город, мама
мать, друг	думать, берег, братья, роза
лес, брат	завтрак, брюки, кошка, остров
сын, здесь	русский, буква, люди, слово
текст, там	слушать, вечер, поезд, помнить

та — тА	тА — та — та
гулять, проспект, словарь	ужинать
играть, читать, сестра	спрашивать
кафе, язык, портрет	завтракать
курить, уже, сосед	улица
потом, трамвай, часы	бабушка

та — тА — та	та — та — тА
работать, коллега	говорить
профессор, подруга	изучать
автобус, проблема	отвечать
конечно, ребёнок	повторять
копейка, собака	понимать

Урок 12

— Привет, Слава! Как дела?
— Ужасно! Я банкрот. А у тебя?
— Спасибо, неплохо!

— Привет, как жизнь?
— Спасибо, хорошо. А у тебя?
— Тоже нормально.

— Здравствуй!
— Здравствуй-здравствуй!
— Как жизнь?
— Так себе. Как ты?
— Тоже не очень.

— Здравствуйте!
— Здравствуйте!
— Как дела?
— Спасибо, отлично. А у вас?
— Спасибо, ничего.

Задание 3

Эта страна — фантастика! Здесь говорят по-испански. Здесь есть море, солнце, пляжи, джунгли и пирамиды майя. И, конечно, текила. Здесь не очень дорого, но очень интересно.

Это не страна. Это континент. Здесь очень холодно. Люди здесь не живут, только пингвины.

Это остров. Люди много работают: делают мотоциклы, машины и телевизоры. Здесь есть император, сакура, гейши и роботы. А ещё это страна суши, аниме, сумо и карате.

Это страна, где все тоже много работают. Она как фабрика. Там делают всё. Люди там мало отдыхают и работают день и ночь. В бизнесе капитализм, а в политике коммунизм. Ещё здесь есть культура и история.

Здесь есть горы, банки и шоколад. Здесь всё очень дорого. Люди работают в банке или делают часы. Здесь демократия, и всё время референдумы.

Здесь живут только мужчины. Они знают латинский язык. Здесь есть музей, в музее туристы смотрят картины и скульптуры и делают фотографии. Здесь есть папа, но нет мамы.

Задание 7
Диалог 1
— Оля! Где ты вчера была?
— Я была в театре. Смотрела балет.

Диалог 2
— Игорь, привет! Как дела?
— Нормально, спасибо. Вчера был в офисе: работал, работал... И не отдыхал!

Диалог 3
— Привет, Дима! Что вчера делал?
— Я был в школе. Потом гулял в парке. Потом делал уроки дома.

Диалог 4
— Катя, привет!
— Привет! Знаешь, где я была? В Берлине на кинофестивале. Я смотрела фильмы, ужинала в ресторане, гуляла в городе... Было классно!

Диалог 5
— Привет, Володя! Где был, что делал?
— О, это интересно! Мы были на Кубе. Я там не отдыхал, конечно, я работал... Но был на пляже, плавал в океане, курил сигары...

Диалог 6

— Свен, привет! Где ты был?
— Я был в Африке. Я там работал. У меня есть фотографии!

Диалог 7

— Добрый день, Светлана Павловна! Как вы?
— Спасибо, хорошо. Я вчера была дома и в магазине. Телевизор смотрела, отдыхала.

Диалог 8

— Здравствуйте, Пётр Ильич!
— Здравствуйте!
— Вы уже на пенсии?
— Нет, я ещё работаю! Я люблю жить активно! Я вчера был на работе. Потом плавал в фитнес-клубе. Потом ещё читал.

TB51

Задание 8

1. Андрей был в Америке. Он смотрел музеи в Вашингтоне, гулял в парке в Нью-Йорке, плавал в океане и отдыхал на пляже во Флориде. Во Флориде было жарко.

2. Светлана Павловна была на даче. Она делала ремонт и много работала в саду. Это было трудно, но она говорит, что она отдыхала.

3. Игорь и Ольга были в Италии. Они отдыхали на пляже и плавали в море, смотрели дома и каналы в Венеции, смотрели музеи в Ватикане. В Италии было красиво и интересно.

УРОК 13

TB52

Задание 3

Алло! Ты на работе? – Нет, я в ресторане.
Анна сейчас в Москве?
Это дом в море?
Робинзон живёт в городе?
Туристы сейчас в музее?
Пиво в банке?
Документы в сумке?
Студентка сейчас на экзамене?
Дети играют на стадионе?
Кремль в Лондоне?
Деньги сейчас в банке?
Пингвины живут на севере?

УРОК 14

TB53

Задание 6

1 — Извините, можно ручку?
— У меня нет.

2. — Здравствуйте! Можно матрёшку?
— Конечно, пожалуйста.

3. — Извините, можно кофе?
— Капучино или эспрессо?

4. — Хотите розу?
— Спасибо, нет.
— А можно ваш телефон?
— Тоже нет, у меня есть муж.

5. — Извините, можно сигарету?
— Я не курю.

6. — Привет! Хочешь кофе?
— А можно воду?
— Нет, у меня есть только кофе и чай.

TB54

Задание 10

В понедельник они были в Москве на встрече.
Во вторник они были в театре на балете.
В среду они были в Эрмитаже на выставке.
В четверг они были в Новгороде на экскурсии.
В пятницу они были в парке на пикнике и в клубе на концерте.
В субботу они были в аэропорту на регистрации.
В воскресенье они были в Стокгольме, в Швеции.

УРОК 15

TB55

Задание 8

7, 10, 39, 71, 17, 12, 19, 48, 50, 66, 15, 89, 98, 20, 44, 96, 137, 169

TB56

Задание 12

Сегодня Новый год! Вы слушаете радио «Мир». В Оттаве сегодня зима: холодно, −32°, солнце, а в Мельбурне сейчас лето: тепло, +26°, но дождь. В Лондоне 0° и, как всегда, дождь, а в

Бангкоке сейчас хорошо, +31° и солнце. Почему я не в Бангкоке?.. В Красноярске зима, −33° и солнце. Хорошо, что я не в Красноярске!
В Буэнос-Айресе +28°, солнце и... танго!
В Каире сегодня не жарко, +18°, солнце, но все хотят дождь. В Лос-Анджелесе +19°, солнце.
В Голливуде всегда хорошо! В Санкт-Петербурге −4°, снег, но очень красиво!
В Сингапуре тепло, +29°, море и солнце!

УРОК 16

ТВ57

Задание 4

Диалог 1

— Извините, сколько времени?
— 13:15.
— Ура! Уже обед!

Диалог 2

— Извините, мы уже не работаем!
— Почему?
— Вы время знаете? Уже 22:05.

Диалог 3

— Алло!
— Привет, что делаешь?
— Ты знаешь, сколько времени?! Сейчас ночь, 2:10!

Диалог 4

— Что, уже 6?
— Да, хватит спать! Пора вставать!

Диалог 5

— Ты знаешь, сколько времени?
— Да, 16:00.
— О! Сейчас футбол!

Диалог 6

— Алло, ты где?
— Я в офисе. Уже 8:25, а я ещё работаю!

Диалог 7

— Алло! Ты где? Уже 11, а ты ещё гуляешь!

Диалог 8

— Дети! Уже 8:15! Хватит гулять, пора ужинать!

Диалог 9

— М-м-м-м... Уже утро?
— Да, уже 7:40! Пора завтракать!

Диалог 10

— Вы ещё обедаете? Уже 15:30! Пора работать!

Диалог 11

— Уже 12! А наш самолёт в 13:50! Где такси?!

Диалог 12

— Сколько времени?
— 1:20!
— А, хорошо. У нас ещё есть время.

УРОК 17

ТВ58

Задание 6

Врачи говорят, что идеальный день — это если:
вы встаёте в 6:00,
в 6:30 принимаете душ,
завтракаете в 7:00,
в 7:15 принимаете витамины,
начинаете работать в 10:00,
в 13:00 обедаете,
в 13:30 снова работаете,
в 15:00 гуляете,
в 18:30 покупаете продукты,
в 19:30 ужинаете,
в 22:00 уже спите.

Урок 18

ТВ59

Задание 5

Диалог 1

— Доброе утро!
— Доброе утро!
— Сегодня хорошая погода, правда?
— Да, прекрасная!
— А вчера был холодный день!
— Да, очень холодный!

Диалог 2

— Добрый день!
— Здравствуйте!
— У вас есть десерты?
— Конечно! Какие десерты вы любите?
— А какой вкусный?
— Вот прекрасный «Наполеон».
— Я думал, что Наполеон — это император, а это десерт! Спасибо большое!
— На здоровье!

Диалог 3

— Добрый вечер!
— Добрый вечер!
— У вас красивая улыбка! Как вас зовут?

— Александра.
— Какое красивое имя!
— Спасибо.
— А меня зовут Александр!
— Правда?! Очень приятно!

ТВ60

Задание 7

Текст 1

Я бухгалтер. Люди часто думают, что моя профессия слишком скучная. Не знаю... Это не театр, конечно. Коллеги хорошие, работа не очень трудная. Я думаю, что она очень важная!

Текст 2

Я люблю футбол. Я думаю, все любят футбол. Только моя жена говорит, что это глупый спорт. Но это неправда! Это очень интересный и активный спорт, очень популярный в России, в Европе и в мире. Сегодня я смотрю важный матч: «Зенит» (Петербург) — «Спартак» (Москва).

Текст 3

Я капитан. Я думаю, это очень хорошая работа. Конечно, трудная и иногда опасная. Когда я работаю в море, я никогда не отдыхаю. Но я был в Азии, в Америке, в Африке... Есть очень интересные страны! Например, Сингапур: остров маленький, но страна богатая и дорогая, там большой бизнес и большие дома. А в Африке страны бедные, но природа очень красивая! А где вы уже были?

Урок 19

ТВ61

Задание 8

1. Мы гуляли на Арбате, там рестораны и сувениры.

2. Белые ночи очень красивые, а каналы и мосты — просто фантастика!

3. Здесь очень романтическая атмосфера! Архитектура как в Европе, но все говорят по-русски.

4. Жизнь очень активная, но мы туристы, мы здесь отдыхаем! Вчера мы видели Кремль и Большой театр.

5. Мы были сегодня в Эрмитаже... Конечно, один день — это очень мало! Третьяковская галерея тоже интересная, но Эрмитаж — самый большой музей в России...

6. Здесь самые дорогие магазины в России и самые дорогие рестораны!

7. Красивый город, но в центре машины, машины, люди, туристы! И всё слишком дорого! Ну, это столица...

8. Мы были на стадионе, смотрели футбол. Играли «Зенит» и «Спартак». «Зенит» играл дома, и на стадионе были их фанаты, очень много! Было круто!

Урок 20

ТВ62

Задание 6

Диалог 1

— Извините, вы слишком громко слушаете музыку! Вы время знаете? Уже ночь!
— А? Да, извините, пожалуйста. У нас день рождения.

Диалог 2

— Алло! Добрый вечер! Можно пиццу «Маргарита» и колу?
— Да, конечно. Какой у вас адрес?
— Садовая улица, дом 44, квартира 178.
— Извините, вы говорите слишком быстро! Повторите, пожалуйста, ещё раз не так быстро!
— Хорошо, мой адрес: улица Садовая, дом 44, квартира 178. Сейчас нормально?
— Спасибо, сейчас хорошо. Хотите салат или десерт?
— Нет, спасибо.

Диалог 3

— Здравствуйте! Какие у вас проблемы?
— Я перфекционист! Я люблю, когда всё идеально. Я активно работаю, я быстро думаю, я много знаю. Я делаю всё максимально правильно, но так жить очень трудно. На работе все говорят, что мир не идеальный, а я странный. Что делать?

Диалог 4

— Вы хорошо понимаете вопрос?
— Да, хорошо. Но я не знаю ответ. Уф-ф-ф! Экзамен — это очень трудно!

Диалог 5

— Ты отлично плаваешь!
— Спасибо! Ты тоже неплохо!
— Как красиво! Море, солнце, пляж! Да, отдыхать на море — это прекрасно!
— Только очень жарко. Но плавать очень приятно!

Диалог 6

— Говорят, ты хорошо знаешь русский?
— Да, неплохо, а что?
— Я плохо понимаю текст... Читать по-русски трудно, и я читаю очень медленно. У меня есть вопросы...
— Хорошо, это не проблема. Какие вопросы? Я слушаю!

Урок 21

ТВ63

Задание 2

Как вы думаете, где это?

Там надо сидеть, смотреть и слушать. Там можно спать, но это глупо. Там нельзя говорить, делать фото и видео.

Там можно обедать и ужинать, нельзя спать и надо платить. Иногда это дорого, иногда не очень.

Это необычное место! Там можно спать, читать, смотреть фильмы и слушать музыку, но нельзя говорить по телефону и обычно нельзя работать в Интернете. Там надо всегда сидеть.

Там можно спать, завтракать, обедать и ужинать. Там надо платить и обычно нельзя курить. Если у вас есть собака или кошка, то это проблема. Там комфортно жить, но дорого.

Там есть униформа и надо делать, что говорит командир. Там нельзя делать всё, что хочешь, но можно завтракать, обедать и ужинать бесплатно. Обычно там только мужчины и очень редко — женщины.

Там можно плавать, играть в волейбол, читать и отдыхать, но нельзя играть в боулинг.

Там можно делать всё, что хочешь: жить, отдыхать, читать, спать, завтракать и ужинать. Там хорошо, но надо убирать!

Урок 22

ТВ64

Задание 7

Текст 1

Американцы живут богато, потому что работают много, а отдыхают мало. Говорят, что они очень активные. Все думают, что американцы живут слишком хорошо, но это неправда. Жить там не очень легко. Люди встают рано утром и активно работают весь день. В Америке важно делать бизнес. Американцы думают, Америка — идеальная страна. Но там тоже есть проблемы. Медицина и университеты очень дорогие, и есть места, где опасно гулять вечером.

Текст 2

Индия — уникальная страна. Там красивая природа, интересная культура и большие контрасты: люди живут очень бедно или очень богато, активно или пассивно, работают очень много или очень мало. Говорят, что в Индии довольно опасно, но отдыхать там очень популярно, потому что там дёшево и очень интересно. Если вы турист, то плавать в Ганге глупо, но если вы живёте в Индии, то это нормально.

Урок 23

ТВ65

Задание 7

Диалог 1

— Го-о-ол! Какой гол! 2 : 0!
— Вот это футбол! Какая атака! 2 : 0!

Диалог 2

— Наш директор не работает, только сидит в Интернете и деньги считает.
— Да, он не работает, но у него всё есть. Не директор, а просто царь!

Диалог 3

— Нет, не может быть! Инфляция! Кредиты! Проценты! Как жить?
— Пишут, что это кризис... Что делать! Когда кризис, жизнь трудная!

Диалог 4

— О-о-о-о! Скучно! Почему все смотрят балет? Я не понимаю...
— Что ты! Как красиво! Балет — это настоящая классика!

Диалог 5

— Холодно! Дождь! В июле! Это не лето...
— Да, но вчера было солнце, было хорошо!

Диалог 6

— Какая она красивая!
— Ну и что? Она абсолютно не актриса, она плохо играет, просто красивая девушка!

Диалог 7

— М-м-м-м! Десерт очень вкусный!

— Да, а кофе не очень...

— Салат тоже был хороший!

— Да, правда... А пицца не очень.

Диалог 8

— Очень трудный экзамен! Я не знал ответы на вопросы 8, 10 и 13.

— Конечно! Не экзамен, а катастрофа! Мы не можем знать всё!

Урок 24

ТВ66

Задание 5

Диалог 1

— Хочешь кофе?

— Нет, спасибо! Я уже пил кофе. Много кофе пить плохо. Можно воду или колу?

Диалог 2

— О! Рыба! Любишь рыбу?

— Нет, я не ем рыбу. У меня аллергия на рыбу.

Диалог 3

— Добрый день! Можно капусту, картошку и морковку?

— Знаете, капуста не очень хорошая... Хотите огурцы?

— Огурцы? Нет... Я хочу готовить борщ! Что делать?!

Диалог 4

— Может быть, десерт?

— Спасибо, нет. Я на диете.

— У нас есть фрукты. Манго, киви, клубника.

— Да! Я хочу клубнику! Клубнику и чай, пожалуйста!

Диалог 5

— Ты не ешь мясо? Ты вегетарианец?

— Нет, но это свинина. Я не ем свинину.

— А, извини, я не знал...

Диалог 6

— Я хочу есть! Я сегодня ещё не ел!

— Хочешь пиццу?

— Пиццу? У тебя есть пицца? «Маргарита»?

— Нет, не «Маргарита». Там грибы, сыр, сосиски...

Диалог 7

— Может быть, хочешь курицу?

— Курицу? Нет, я не люблю готовить. Я хочу колбасу. Колбасу, хлеб и салат.

Диалог 8

— Что покупаем, морепродукты или курицу?

— Вчера мы ели курицу. Курица — это скучно.

— Хорошо. Можно морепродукты, пожалуйста?

Урок 25

ТВ67

Задание 6

Диалог 1

— У вас есть голубые розы?

— Какие розы? Голубые? Нет, есть белые, розовые, красные и даже жёлтые.

— Спасибо, не надо. Это слишком стандартно.

Диалог 2

— Алло! Здравствуйте! Это авиакасса? У вас есть билеты на Красное море?

— Извините, уже нет. Есть билеты только на Чёрное море и на Белое.

— На Белое? А где это? Там можно плавать?

— Можно, если вы белый медведь.

— Спасибо, не надо. Можно один билет на Чёрное море в Сочи?

Диалог 3

— Ты больше любишь белый или чёрный шоколад?

— А что, есть другие цвета?

— Вчера я ел зелёный шоколад!

— Зелёный? Странный цвет. Я ел только белый и чёрный.

— Да, зелёный из Японии.

Диалог 4

— Почему в городе всегда серый снег?

— Ну, машины, транспорт... В лесу снег белый, а в горах голубой!

— Точно! В городе всё серое: снег, дома, люди...

Диалог 5

— Моя девушка работает в полиции. Скоро у неё день рождения. Она очень любит розовый цвет. У вас есть розовая форма?

— Вы нормальный?

— Я думал, что да. Я не понимаю, в чём проблема.

— Работа в полиции — мужская работа, а розовый — это женский цвет.

ТВ68

Задание 7

Как говорят маркетологи, жёлтый цвет оптимистичный и «молодой»; красный —

энергичный и хорошо продаёт; синий — серьёзный, хорошо работает в банке; зелёный — натуральный, лёгкий цвет, хороший антистресс; розовый — романтичный, «женский» цвет; чёрный — элитный, дорогой; фиолетовый — креативный и необычный.

Урок 26

ТВ69

Задание 4

Диалог 1

— Здравствуйте!
— Добрый день!
— У вас есть джинсы?
— Да, конечно. Какой у вас размер?
— Я точно не знаю. Может быть, 30.
— А какой цвет?
— А как вы думаете? Может быть, голубые?
— Да, это самый популярный цвет.
— Хорошие джинсы. А сколько они стоят?
— 75 евро.
— Спасибо, я их покупаю.

Диалог 2

— Добрый день! Вы говорите по-русски?
— Да, чуть-чуть.
— Смотрите, у нас прекрасные сувениры: вот традиционные русские матрёшки, вот балалайка и магниты.
— А какие матрёшки у вас есть?
— Есть разные: большие и маленькие, дорогие и дешёвые. А какую матрёшку вы хотите?
— Я ищу самую красивую и недорогую.
— Вы типичный турист!

Диалог 3

— Добрый день! Вы говорите по-английски?
— Ой, нет!
— Жаль... Я ещё плохо говорю по-русски.
— А что вы хотите?
— Я хочу русскую шапку.
— Почему туристы любят эти шапки? Русские их не носят, только туристы. Это стереотип!
— Правда? Я не знал.

Диалог 4

— Здравствуйте! У вас есть футболки?
— Да, много. А какую футболку вы хотите?
— Я точно не знаю. А какие у вас есть?
— Разные. Вот Петербург, вот российский флаг, а ещё есть Ленин и Калашников. Всё, что любят туристы.
— Петербург – это красиво! Пожалуйста, эту чёрную футболку и этот магнит.

Диалог 5

— Добрый день! У вас есть шубы?
— Да, конечно! У нас самые красивые шубы! Вы хотите чёрную, белую или коричневую?
— А другие цвета у вас есть? Жёлтая, красная или голубая?
— Странные цвета! Извините, вы ищете натуральную шубу?
— Нет, конечно! В Европе не носят натуральные шубы, потому что мы любим природу.
— Странная логика! Я тоже люблю природу. И я покупаю всё натуральное. Вот, здесь у нас синтетика: жёлтые шубы, зелёные, красные и голубые.
— Пожалуйста, вот эту, голубую. Хорошая шуба — и недорогая.
— Какой размер?
— 46. У меня кредитная карта.
— Хорошо, спасибо за покупку!

Урок 28

ТВ70

Задание 5

Текст 1

Катя, Лена и Сергей — соседи. Они учатся в Московском университете. Жить в Москве дорого, поэтому они живут в общежитии. Здесь живут только студенты. Катя и Лена живут в большой комнате, у них есть кровати, удобный шкаф, небольшой стол в центре и старое пианино. Сергей живёт в маленькой комнате один. У него в комнате есть кровать, стол, компьютер и гитара. Ещё здесь живёт кот. Он не студент, но он здесь главный.

Текст 2

Это Алекс. Он бедный, но талантливый художник и живёт в маленькой студии. Алекс работает дома, пишет картины. В этой квартире есть ванная, туалет и только одна комната. Это и гостиная, и спальня, и кухня. В комнате есть всё: кровать, шкаф, стол, стулья, плита, посуда и даже холодильник. Всё рядом, очень удобно!

Текст 3

Марина и Александр Петровы — муж и жена. У них есть дети: маленький сын Артём и дочка Таня. Они все очень спортивные и активные. Петровы живут в Красноярске, в спальном районе. Красноярск — это большой город в холодной Сибири. Зимой на улице очень холодно, но дома всегда тепло, даже жарко.

Они живут в новом доме на седьмом этаже в необычной квартире. У них в гостиной стоит не телевизор, а теннисный стол, в детской — большой спортивный комплекс, а в ванной есть сауна.

Текст 4

Их бабушка Варвара Петровна Петрова тоже живёт в этом доме, но на шестом этаже. Это очень-очень удобно! У неё дома не фитнес-клуб, а нормальная квартира: в гостиной картины, книги и старые фотографии. В маленькой кухне всегда вкусная еда. Внуки очень любят быть у неё в гостях, есть не биопродукты, как дома, а пирожки и шоколадки. Жить рядом очень хорошо, есть только одна маленькая проблема: бабушка часто не может спать, потому что у неё слишком активные соседи.

Текст 5

Это Маргарита. Она живёт не одна. У неё дома 23 кошки! Кошки живут везде: спят в спальне на её кровати, в гостиной на шкафу, играют в ванной и едят в кухне на столе. Маргарита думает, что кошки — её жизнь и семья. Соседи считают, что она ненормальная!

Урок 29

ТВ71

Задание 10

Диалог 1

— Оля, а куда мы идём в субботу?
— А что? Куда надо идти в субботу?
— Ну, я не знаю… Можно в парк или в гости.
— Я не знаю… Я так устала! Я не хочу никуда идти, я хочу быть дома!
— А я всё время на работе, я хочу отдыхать! Идём в кино, ты же любишь кино!
— Ладно, а что там идёт?

Диалог 2

— Дима, ты сегодня дома?
— Нет, ты что, не помнишь? Сегодня среда. Я иду на футбол!
— Так, ты идёшь на футбол, мама идёт на фитнес, я иду в баню… А кто идёт в магазин?
— Не знаю! Я могу, магазин работает вечером!

Диалог 3

— Ты знаешь, куда едет Свен?
— Конечно, нет. А куда?

— Он едет на Байкал! Круто! Знаешь, я тоже хочу!
— Ты хочешь ехать в Сибирь? Я тебя не понимаю. Не надо ехать в Сибирь, здесь тоже холодно!
— Ну, это я говорю, что хочу, но я не еду! Я помню, мы вместе летом едем на море! Это тоже очень хорошо!

Урок 30

ТВ72

Задание 6

1. Париж — прекрасный город! Лувр, рестораны и всё, что хочешь!

2. Я была на карнавале. Это фантастика! Музыка и танцы день и ночь!

3. Мы видели пирамиды майя. Это просто нереально!

4. Это город-музей! Мосты, каналы, романтика! И все говорят по-русски.

5. Здесь так интересно. Джунгли, сафари, экзотика!

6. Я видела коала и кенгуру!

ТВ73

Задание 7

1. Отличный ужин, только вино слишком дорогое!

2. Это интересная русская традиция! Было хорошо, только очень жарко.

3. Мы танцевали так много, что я сегодня не могу ходить!

4. Я очень люблю балет, а вчера было просто прекрасно!

5. Теперь у нас есть хлеб, сыр и колбаса!

6. Экскурсия была очень интересная! А я раньше думал, что картины — это скучно…

7. Я вчера устал как собака! Весь день работал, даже не обедал!

8. Это был последний экзамен, теперь каникулы, я отдыхаю!

ТВ74

Задание 10

— Ты не помнишь, когда мы идём в театр?
— Мы идём в театр? Я не знал!

— Конечно! Мы всё время сидим дома, никуда не ходим.

— Ну, только не я! В субботу и воскресенье мы ездили на дачу, помнишь?

— Ну да, ездили. У нас там овощи, фрукты... Нельзя не ездить!

— В понедельник я ездил в магазин покупать продукты, так?

— Да, наверное...

— Так... Во вторник мы ходили в бассейн. Сегодня среда. Мы сегодня дома, потому что сегодня футбол. Моя любимая команда играет.

— Ну, конечно!

— Завтра четверг, завтра мы идём в гости. А в пятницу я всегда хожу в бар.

— Да, я знаю.

— А в выходные мы всегда ездим на дачу. И когда идти в театр?

— Ах, не знаю! Я хочу сегодня!

ТВ75

Задание 12

Я работаю в такси. Я знаю, что не все любят эту профессию, но я люблю машины, я люблю мой город. Я езжу день и ночь, даже когда идёт снег или дождь. Конечно, я устаю, но не люблю сидеть дома. Что там делать? Я живу один. Говорят, движение — жизнь, и я тоже так думаю. Я люблю ездить ночью, и платят ночью хорошо: люди хотят ехать, а метро не работает! Ясно, что не все клиенты хорошие, но иногда есть очень интересные люди. Мы много говорим: о жизни, о политике, о футболе, где они были, куда ездили... Конечно, если они хотят. Вот вчера ездил в университет, профессор очень интересно рассказывал... Я всегда знаю, что хотят клиенты, и хорошо их понимаю: кто хочет ехать быстро, а кто — осторожно, кто какую музыку любит, о чём хотят говорить. У меня интуиция. Выходные у меня редко, и в выходные я отдыхаю — хожу пешком, даже на метро не езжу!

Урок 4

WB01

Задание 4

Диалог 1

— Ты играешь?
— Нет, я не играю. Я работаю. Я программист.

Диалог 2

— Ты слушаешь рэп?
— Нет! Ты знаешь, что я не слушаю рэп. Я слушаю рок!

Диалог 3

— Вы отдыхаете?
— Нет, я работаю. Я музыкант. Я играю, а вы слушаете и отдыхаете.
— Понимаю. Вы хорошо играете.

Диалог 4

— Я не понимаю, что вы делаете.
— Что я делаю? Я философ. Я думаю!

Диалог 5

— Что вы делаете? Вы читаете комиксы?
— Конечно, нет. Мы студенты. Мы изучаем русский язык.

Урок 7

WB02

Задание 2

1. Ты любишь гулять?
2. Вы любите работать?
3. Они любят футбол.
4. Я вас люблю!
5. Мы любим Санкт-Петербург!
6. Она его любит.

Урок 10

WB03

Задание 3

1. Что вы делаете? Это мои деньги!
2. Пожалуйста, ваш кофе!
3. Я не понимаю, где моя машина?!
4. — Это ваша собака?
   — Нет, не моя!

WB04

Задание 6

1. — Здравствуйте, ваши документы?
   — Вот мои документы.
2. Ты не знаешь, где наш багаж?
3. Я думаю, это не моя проблема. Это его проблема.
4. — Спасибо большое!
   — Пожалуйста! Это наша работа!
5. Где их дом? Ты знаешь их адрес?
6. — Чей это паспорт?
   — Это мой паспорт! Вот моя фотография, а это моё имя.
7. — Это ваша семья?
   — Да, это мой сын, а это моя жена.
8. — Это твоя идея?
   — Да, моя!
   — Интересно...
9. Почему мы это делаем? Это не наша работа!
10. Я адвокат. Вот мой телефон. Звоните!

Повторение I

WB05

Задание 4

1. Чья это сумка? 2. Чьи это дети? 3. Чей это паспорт? 4. Чьи это документы? 5. Чьё это фото? 6. Чей это учитель? 7. Чья это машина? 8. Чьи это друзья?

WB06

Задание 8

Здравствуйте! Вы меня уже знаете. Меня зовут Игорь, Игорь Петрович Дубов. Моя фамилия — Дубов, моё имя — Игорь, моё отчество — Петрович. Я биолог. Это зоопарк. Здесь я работаю.

Это моя жена Ольга Борисовна. Она экономист. Я думаю, сейчас она ещё работает, а я уже дома, отдыхаю. У нас есть сын. Его зовут Дима. Его фамилия тоже Дубов, а его отчество — Игоревич.

Это мои мама и папа. Мой папа — врач. Его зовут Пётр Ильич. Он ещё работает, а моя мама уже не работает. Её зовут Светлана Павловна.

У меня есть брат. Его зовут Владимир. Он капитан. У него есть жена. Её зовут Катя. Она журналистка.

Вот наш дом, а там парк, где мы гуляем. Там играет наш сын Дима.

Меня зовут Пётр Ильич. Моя фамилия Дубов. Я врач. У меня есть жена. Её зовут Света. У нас есть дети. Их зовут Игорь и Владимир. Игорь — биолог, а Владимир — капитан. Ещё у меня есть внук. Его зовут Дима.

Меня зовут Дима. Это мои папа и мама. У меня есть бабушка. Её зовут Светлана Павловна. Ещё у меня есть дедушка, Пётр Ильич. А Владимир и Катя — мои дядя и тётя. А это моя кошка. Её зовут Мурка.

Меня зовут Владимир. Я капитан. Моя фамилия — Дубов, а моё отчество — Петрович. У меня есть жена. Её зовут Катя. Она журналистка. А это Игорь, мой брат.

Урок 15

WB07

Задание 6

В январе Вольфганг Кук был дома, в Германии. В феврале он был в Турции. В марте он был в Иране. В апреле он был в Индии. В мае он был в Китае. В июне он был в Японии. В июле он был в Америке. В августе он был в Мексике. В сентябре он был в Бразилии. В октябре Кук был в Кении. В ноябре он был в Испании. В декабре он был во Франции. В январе он снова был дома.

Урок 17

WB08

Задание 7

Аня и Роберт

Аня раньше жила в Москве, а сейчас живёт в Вене. Она изучает немецкий язык. В группе есть французы, испанцы, итальянцы и даже один американец. Сегодня на уроке тема «Мой день».

Студенты много говорят. Аня тоже говорит:

— Обычно я встаю рано, в 6. Сначала я принимаю душ, а потом делаю кофе и бутерброды. Я живу не одна, у меня есть парень. Его зовут Роберт. Когда он встаёт, завтрак уже на столе. Роберт очень рад!

Утром я изучаю немецкий в университете. Мы начинаем урок в 8:00. Мы много говорим, читаем и слушаем. В 13:30 я обедаю, а потом работаю в ресторане. Работать трудно и не очень интересно. Я очень устаю на работе.

Роберт — дизайнер, он работает дома. Он встаёт в 7:20 и любит утром пить кофе и читать новости. А потом, в 9 он начинает работать — делает проекты. Но сейчас он работает мало, потому что клиенты не понимают его стиль. В 2 он обедает, а потом отдыхает. Иногда он играет на электрогитаре. Соседи не любят, когда он играет. Они говорят, что он играет ужасно. Никто его не любит, только я! Иногда днём я покупаю продукты и каждый вечер готовлю ужин, а Роберт всегда говорит: «Спасибо». Он очень любит меня!

Урок 18

WB09

Задание 5

Диалог 1

— Добрый день! Я журналист У вас есть минутка?
— Да, а что?
— У вас есть работа?
— Формально – нет, а реально – да.
— Странная работа... Хорошая?
— Да, прекрасная! Мы коллеги. Я тоже журналист.
— А где вы работаете?
— Я журналист-фрилансер. Работа интересная, активная, но нестабильная.
— Спасибо!

Диалог 2

— Добрый день! У вас есть фотоаппараты?
— Да, вот прекрасная новая модель! Очень красивая и практичная.
— Спасибо... Он очень большой... И дорогой, я думаю...
— Ну, немаленький и недешёвый. Но он делает очень хорошие фотографии!
— Спасибо. Хорошая модель. Я думаю, он есть в интернет-магазине.
— Уф-ф-ф.

Урок 22

WB10

Задание 5

Текст 1

Швейцария — маленькая страна, но швейцарцы живут богато и комфортно. Они рано встают и работают много и хорошо. Они всегда делают всё правильно. Швейцарцы говорят по-немецки, по-французски и по-итальянски, а ещё знают английский язык. Там всё слишком идеально!

Текст 2

Итальянцы прекрасно готовят, красиво говорят и красиво живут. Они говорят быстро, но работают медленно. Итальянский язык самый музыкальный в мире. Итальянцы часто завтракают в баре. Все думают, что они живут очень хорошо, но итальянцы часто говорят, что живут трудно и бедно.

Урок 24

WB11

Задание 3

Диалог 1

— Добрый вечер! Я очень хочу пить.
— У нас есть вода, кола, сок... Что вы хотите?
— Можно сначала воду, а потом кофе? Спасибо!

Диалог 2

— Привет! Хочешь есть?
— А можно?
— Если хочешь, у меня есть мясо, картошка и салат.
— Извини, я не ем мясо. Можно просто картошку и салат?

Диалог 3

— Здравствуйте! У вас есть борщ?
— Да, конечно.
— А он вкусный? Я ещё никогда не ел борщ.
— Правда?! Не может быть!
— Да, я первый раз в России. Можно борщ?
— А сметану?
— Сметану? А что это?.. Ладно, сметану тоже. Люблю риск!

Урок 27

WB12

Задание 7

Добрый вечер, вы слушаете программу «Новости», я журналистка Екатерина Дубова, и сегодня я в Южной Демократической Республике, в столице. Ситуация в городе очень опасная! Если вы смотрели наши программы, вы знаете, что в стране была ужасная коррупция и большая инфляция, оппозиция организовала протесты и демонстрации, и вот сейчас в городе революция, на улице армия и полиция, президент, говорят, уже в эмиграции, а оппозиция пишет новую конституцию! Я ещё не знаю, какая реакция в мире на эту революцию, но здесь, на улице, позитивные эмоции!

Урок 28

WB13

Задание 5

— О-о-о! Это Свен! Привет!
— Привет, Оля! Как дела?
— Всё хорошо, спасибо! Всё в порядке.
— А где Игорь? Он дома?
— Нет, ещё на работе. Ты у нас ещё не был. Ну, смотри, у нас не очень большая, но удобная квартира. Здесь кухня, **слева** спальня, **справа** гостиная, **слева** детская, вот ванная и туалет. А ещё у нас есть балкон и красивый вид на парк.

В ванной у нас есть всё: ванна, душ, зеркало на стене и стиральная машина. Здесь мы принимаем ванну и душ.

На кухне **в центре** стол и стулья, на столе **цветы в вазе**. Слева плита, шкафы и холодильник. На кухне мы завтракаем и ужинаем.

В гостиной **справа** на стене телевизор, пианино, в центре стол. **Слева** диван и **большие часы**. В гостиной мы отдыхаем, смотрим телевизор, играем на пианино и слушаем музыку.

В спальне кровать, **два кресла**, тумбочки и картина на стене.

В детской кровать, большой шкаф, **компьютер на столе**. Дима сейчас в спортивном лагере, так что это пока твоя комната.

— Спасибо большое!
— Ой, а где кошка?
— В ванной?
— Нет, она не любит воду! А, вот она, на кухне! Ой, а где курица?!

Урок 2

Задание 4

ОН: турист, телефон, дом, отель, кот, магазин, Интернет, университет, учитель, ресторан, аэропорт, Лондон, Китай
ОНО: кино, кафе
ОНА: школа, машина, сумка, проблема, женщина, гитара, книга, Москва, Европа, Россия, Америка

Задание 5

4. дом, 5. женщина, 16. сумка, 1. книга, 2. мужчина, 9. машина, 14. отель, 8. турист, 6. кафе, 13. телефон, 15. кот, 12. собака, 10. магазин, 7. школа, 11. учитель, 3. студент

Задание 6

1. машина, 2. гитара, 3. собака, 4. ресторан, 5. школа, 6. аэропорт, 7. телефон, 8. кот

Урок 4

Задание 5

— Что вы делаете?
— Мы изучаем русский язык.

— Что ты делаешь?
— Я играю.

— Что он делает?
— Он работает.

— Вы понимаете?
— Да, я понимаю.

— Они работают?
— Нет, они отдыхают.

— Вы знаете русский язык?
— Нет, мы изучаем русский. А вы?

Урок 5

Задание 4

Они говорят: по-французски, по-испански, по-русски, по-китайски, по-английски, по-арабски, по-немецки, по-турецки

Задание 12

Максим изучает китайский язык. Настя плавает. Саша смотрит телевизор.
Рома слушает радио. Серёжа обедает.

Урок 6

Задание 4

Юрий Гагарин, Елизавета, Си Цзиньпин, Владимир Путин, Билл Гейтс, Гарри Поттер

Задание 7

меня — 4, тебя — 1, его — 2, её — 7, нас — 6, вас — 5, их — 3

Задание 10

1. Илон Маск; 2. Эрнесто Че Гевара; 3. Фредди Меркьюри; 4. Марк Цукерберг; 5. Уильям и Кейт Миддлтон; 6. Владимир Путин; 7. Мао Цзэдун; 8. Махатма Ганди; 9. Сальвадор Дали; 10. Леди Гага; 11. Майкл Джексон; 12. Лев Толстой; 13. Далай-Лама; 14. Стив Джобс; 15. Пласидо Доминго, Хосе Каррерас, Лучано Паваротти, 16. Анна Нетребко

Урок 7

Задание 3

	Миша	Маша	Катя и Вера	Антон
бокс	+	–	+	+
играть в теннис	+	–	+	–
гулять	–	+	+	+
смотреть телевизор	–	–	+	+
читать	+	+	–	–

Урок 8

Задание 4

журнал — журналы; окно — окна; балерина — балерины
рубль — рубли; собака — собаки; письмо — письма

Задание 5

рестораны, туристы, матрёшки, сайты, газеты, письма, журналы, книги, телефоны, компьютеры, слова, женщины, спортсмены, офисы, банки, школы, отели, сувениры

Задание 6

1. города, улицы, **таксисты**, автобусы, магазины, киоски

3. таксисты, экономисты, секретари, **компьютеры**, гиды

4. журналы, слова, газеты, **солдаты**, тексты

5. студенты, туристы, профессора, **собаки**, учителя, друзья

6. собаки, **дети**, кошки, тигры, жирафы, крокодилы

Задание 7

1. банк, 2. магазин «Сувениры», 3. университет, 4. музей, 5. аэропорт, 6. супермаркет, 7. турагентство, 8. парламент, 9. парк

Урок 9

Задание 5

1. авиакасса, 2. магазин «Сувениры», 3. кафе, 4. салон «Apple», 5. ресторан, 6. аптека, 7. консульство

Задание 6

1. тоже; 2. тоже, ещё; 3. ещё; 4. тоже; 5. ещё; 6. ещё; 7. тоже, ещё; 8. тоже, ещё

Урок 10

Задание 4

Чья это книга? Чьё это письмо? Чьи это документы?
Чьи это вещи? Чей это компьютер? Чья это фотография?
Чей это дом? Чьё это место? Чьи это ключи?

Урок 11

Задание 1

в банке; в офисе; на улице; на работе; в Америке; в Европе; в клубе; в семье

Задание 2

в Голландии; в Англии; во Франции; в Германии; в Испании; в Японии; в Австралии; в Турции; в Индии

Урок 12

Задание 5

1. ещё, 2. ещё, 3. ещё, 4. ещё, 5. ещё, 6. ещё, 7. ещё, 8. уже, 9. ещё, 10. ещё

Урок 13

Задание 1

1. в школе, 2. на концерте, 3. в баре, 4. в кафе, 5. на встрече, 6. на работе, 7. в Лондоне, 8. на Тенерифе, 9. в парке, 10. в центре, 11. в университете, 12. на лекции, 13. на уроке, 14. в супермаркете, 15. на улице

Задание 2

Марсианин не знает, где и что делать. Вы тоже так делаете?
Марсианин обедает на улице, читает на балете, ужинает в лесу, живёт в баре, завтракает на концерте, отдыхает в банке, курит в аэропорту, слушает концерты в школе, играет в футбол дома, плавает в аквариуме, спит на работе

Задание 4

У меня в машине есть навигатор.
У меня на столе есть компьютер и документы.
У неё в сумке есть телефон и деньги. А у вас?
У нас в школе / в университете есть Интернет.
У меня дома есть кот и собака.

Урок 14

Задание 3

1. хочу, 2. хотите, 3. хотят, 4. хочет, 5. хотят, 6. хочет, 7. хотели, 8. хочешь, 9. хотел/а, 10. хотят

Задание 6

1. ручка, 2. матрёшка, 3. кофе, 4. роза, 5. телефон, 5. сигарета, 6. вода

Урок 16

Задание 2

— Сколько сейчас времени ?
— Сейчас 8:20.

— Во сколько концерт?
— Концерт в 19:00.

— Во сколько самолёт?
— Самолёт в 15:30.

— Сколько времени?
— Уже 14:00.

— Когда вечеринка?
— Вечеринка завтра вечером.

Задание 6

Марсианин завтракает вечером, обедает утром, читает газеты ночью, ужинает днём, играет в футбол ночью, спит днём

Урок 17

встаВАть	устаВАть	даВАть
я встаю	я устаю	я даю
ты встаёшь	ты устаёшь	ты даёшь
он/она встаёт	он устаёт	он даёт
мы встаём	мы устаём	мы даём
вы встаёте	вы устаёте	вы даёте
они встают	они устают	они дают

продаВАть	сдаВАть
я продаю	я сдаю
ты продаёшь	ты сдаёшь
он продаёт	он сдаёт
мы продаём	мы сдаём
вы продаёте	вы сдаёте
они продают	они сдают

Задание 2

1. устаю; 2. встаёшь; 3. продаёте; 4. даю; 5. продаёт; 6. сдаём; 7. даёт; 8. даёте; даю; 9. встаёт; 10. устаю

Задание 3

1. спит, 2. спишь, 3. спят, 4. спит, 5. спим, 6. сплю

Задание 4

1. готовим, 2. готовят, 3. готовишь, 4. готовит, готовлю, 5. готовят, 6. готовите, 7. готовлю

Задание 8

пассивно — активно; поздно — рано; редко — часто; светло — темно

Слова из текста:

1. рано, 2. продуктивно, 3. в принципе, 4. свет, 5. темно, 6. весь день, 7. рано утром

Урок 18

Задание 1

1. какой, 2. какая, 3. какие, 4. какое, 5. какая, 6. какой, 7. какое, 8. какой

Задание 4

Новая Зеландия; Центральная Азия; Северная Корея
Ближний Восток; Саудовская Аравия; Российская Федерация

Южная Корея; Европейский Союз; Арабские Эмираты

Урок 19

Задание 4

Человек: спортивный, талантливый, культурный, контактный, активный, пассивный, уникальный, позитивный
Центр: спортивный, экономический, финансовый, культурный, исторический, политический
Фильм: исторический, позитивный, негативный, спортивный, политический, уникальный
Ситуация: экономическая, политическая, реальная, уникальная
Программа: спортивная, экономическая, политическая, культурная, историческая, уникальная

Задание 7

старый — молодой, новый; быстрый — медленный
богатый — бедный; хороший — плохой
большой — маленький; дорогой — дешёвый
активный — пассивный; прекрасный — ужасный

Задание 8

1. Москва, 2. Санкт-Петербург, 3. Санкт-Петербург, 4. Москва, 5. Санкт-Петербург, 6. Москва, 7. Москва, 8. Санкт-Петербург

Урок 20

Задание 4

1. интересный; интересно; 2. прекрасная; прекрасно; 3. скучное; скучно; 4. громко; громкая; 5. активный; активно; 6. медленный; медленно

Задание 7

Таиланд, Франция, Зимбабве, Гренландия

Урок 21

Задание 5

1. могу; 2. могут; 3. могли; 4. можешь; 5. можем, могли; 6. можете; 7. может; 8. можем

Урок 22

Задание 4

1. по-английски, английский язык; 2. арабский язык, по-арабски; 3. по-испански, испанский язык; 4. французский язык, по-французски; 5. русский язык, по-русски

Урок 23

Задание 2

1. пишет; 2. пишут; 3. пишете; 4. писать; 5. писал, пишу; 6. пишем; 7. пишете; 8. пишешь

Задание 4

о любви, о Боге, о катастрофе, о политике, о России, о спорте, о деньгах, о джунглях, об экономике, о культуре

Задание 6

1. о тебе; 2. о них; 3. обо мне, о ней; 4. о нас; 5. о вас; 6. о нём; 7. обо мне

Урок 24

Задание 1

1. ешь; 2. ем; 3. едят; 4. едите; 5. ест; 6. ели; 7. ешь; 8. едим

Задание 3

1. пьют; 2. пьём; 3. пью; 4. пили; 5. пью, пьёте; 6. пил; 7. пьёте; 8. пьёт, пью

Задание 4

1. берёте; 2. беру; 3. берёт; 4. брать; 5. берём; 6. берут; 7. берёт

Урок 25

Задание 2

Какие языки вы изучали?
Какую музыку вы слушаете?
Какой дом вы хотите?
Какой спорт вы не любите?
Какую машину вы не хотите?
Какое море вы любите?
Какие фильмы вы не смотрите?
Какую пиццу вы покупаете?

Задание 3

1. ищет; 2. ищу; 3. ищут, ищут; 4. ищете, ищу; 5. ищут; 6. ищем; 7. искать; 8. ищут; 9. ищу; 10. ищет

Урок 26

Задание 1

1. ношу; 2. носят; 3. носит; 4. носим; 5. носили; 6. носишь; 7. носите; 8. носить

Урок 27

Задание 3

критиковать, советовать, интересовать, рисковать, конфликтовать, протестовать, парковать, пробовать
тестировать, планировать, контролировать, программировать, экспортировать, импортировать, реформировать, рекламировать

Задание 5

1. фотографируют; 2. организую, критикуете; 3. тренирует; 4. прогнозируют, планируете; 5. тестирую; 6. эмигрируют, ностальгируют

Урок 28

Задание 4

Марсианин спит на кухне, ужинает в спальне, смотрит телевизор в ванной, завтракает в гостиной, читает в туалете, принимает душ на балконе

Урок 29

Задание 2

Он идёт в банк. Я еду в Сибирь. Мы идём в клуб. Он едет в Африку. Они идут в парк. Мы едем в Лас-Вегас.

Задание 4

1. едем; 2. идёте; 3. едет; 4. идёте; 5. едут; 6. иду; 7. едет; 8. иду

Задание 5

1. где? куда? 2. куда? где? 3. куда? где? 4. где? куда? 5. где? куда? 6. куда? где?

Задание 6.

Они едут на футбол. Они на футболе.
Он в Египте. Они идут в Египет.
Она в школе. Они едут в школу.
Я еду в Африку. Я в Африке.
Он в бассейне. Он идёт в бассейн.
Мы на свадьбе. Мы едем на свадьбу.
Они едут в Америку. Они в Америке.
Вы едете в Индию. Вы в Индии.

Задание 7

1. Майкл идёт в университет, идёт в кафе на обед, идёт в библиотеку, идёт в бассейн, идёт домой.
2. Миша идёт в школу, идёт домой, идёт на футбол, идёт в «Макдоналдс», идёт домой.
3. Катя едет в Париж, идёт в Лувр, идёт в ресторан на ужин, едет в аэропорт.
4. Игорь идёт в офис, идёт в кафе, идёт в банк, идет на бокс, идёт в супермаркет, идёт домой.
5. Костя и Аня едут в Рим, идут в Колизей, идут в Ватикан, идут на экскурсию, едут в аэропорт.

Урок 30

Задание 1

Арина ходит на танцы и на английский. Крис ходит на футбол и в бассейн. Денис ходит на бокс и на фитнес.
Дима ходит на карате и на шахматы. Катя ходит на танцы и на волейбол. Марина ходит на йогу и на китайский язык.

Задание 3

1. езжу; 2. ходят; 3. хожу; 4. ездят; 5. хожу;
6. ездят; 7. ходят; 8. ходят, ездят; 9. ходит;
10. ездят

Задание 5

1. идёт; 2. идёт; 3. идёт; 4. идут; 5. идёт; 6. идёт;
7. идёт; 8. реклама

Задание 12

Где работает этот человек?
    а) в Москве
    б) в такси
    в) в университете
Что он любит?
    а) мотоциклы
    б) машины
    в) музыку
Что он не любит?
    а) сидеть дома
    б) сидеть на улице
    в) ездить в университет
Когда он любит ездить?
    а) когда идёт снег
    б) ночью
    в) когда идёт дождь
О чём он много говорит?
    а) о здоровье
    б) о жизни
    в) о погоде
Что он делает в выходные?
    а) ходит пешком
    б) ездит на метро
    в) ездит на такси

Урок 2

Задание 2

Это дом. Это девушка. Это сумка. Это книга. Это мужчина. Это машина. Это кафе. Это магазин. Это школа. Это учитель. Это кот. Это собака.

Задание 3

Он: класс, телефон, папа, паспорт, мужчина, музей, дом, журнал, бизнесмен, парк, клиент, ресторан, магазин
Она: книга, проблема, сумка, семья, студентка, ночь, туристка, спортсменка, женщина
Оно: море, метро, кафе

Задание 4

он: Париж, Амстердам, Милан, Лос-Анджелес, Шанхай, Китай, Сингапур, Петербург
она: Европа, Италия, Америка, Азия, Россия, Австралия, Африка

Задание 5

Иван — Ваня; Алексей — Лёша; Дмитрий — Дима; Пётр — Петя; Михаил — Миша; Владимир — Володя; Евгений — Женя; Александр — Саша; Константин — Костя; Николай — Коля

Мария — Маша; Ольга — Оля; Елена — Лена; Александра — Саша; Екатерина — Катя; Татьяна — Таня; Ирина — Ира; Евгения — Женя

Задание 6

Он: Миша, Дима, Алёша, Коля, Костя, Ваня, Володя, Петя
Она: Маша, Лена, Оля, Таня, Ира, Катя
Он = она: Женя, Саша

Задание 7

Что это? — Это ресторан. Кто это? — Это клиент. Что это? — Это пицца.
Что это? — Это машина. Что это? — Это университет. Кто это? — Это профессор.
Кто это? — Это директор. Кто это? — Это папа.
Что это? — Это парк. Что это? — Это метро.
Что это? — Это фотография. Кто это? — Это собака.

Урок 3

Задание 2

1. Где паспорт? — Вот он. 2. Где студент? — Вот он. 3. Где стол? — Вот он. 4. Где сумка? — Вот она. 5. Где виза? — Вот она. 6. Где турист? — Вот он. 7. Где журнал? — Вот он. 8. Где машина? — Вот она. 8. Где проблема? — Вот она. 10. Где студент? — Вот он. 11. Где слово? — Вот оно. 12. Где туалет? — Вот он. 13. Где лампа? — Вот она. 14. Где мужчина? — Вот он.

Задание 3

ты + ты = вы	вы + я = мы	ты + он = вы
он + я = мы	она + я = мы	ты + вы = вы
он + она = они	вы + вы = вы	оно + оно = они

Урок 4

Задание 1

ты делаешь, они делают, он/она делает, мы делаем, я делаю, вы делаете;
они отдыхают, мы отдыхаем, он/она отдыхает, ты отдыхаешь, вы отдыхаете, я отдыхаю;
он/она работает, я работаю, мы работаем, они работают, ты работаешь, вы работаете;
вы слушаете, ты слушаешь, они слушают, я слушаю, мы слушаем, он/она слушает

Задание 2

ты знаешь, вы знаете, он знает, они знают, я знаю, мы знаем
она играет, мы играем, я играю, они играют, ты играешь, вы играете
мы думаем, ты думаешь, они думают, я думаю, вы думаете, он думает
они читают, я читаю, вы читаете, ты читаешь, он читает, мы читаем

Задание 3

Кошка играет. Турист смотрит город. Компьютер не работает. Секретарь делает кофе. Мы изучаем русский язык. Студенты отдыхают.

Задание 4

1. — Ты играешь?
    — Нет, я не играю. Я работаю. Я программист.
2. — Ты слушаешь рэп?
    — Нет! Ты знаешь, что я не слушаю рэп. Я слушаю рок!

3. — Вы отдыхаете?
— Нет, я работаю. Я музыкант. Я играю, а вы слушаете и отдыхаете.
— Понимаю. Вы хорошо играете.
4. — Я не понимаю, что вы делаете.
— Что я делаю? Я философ. Я думаю!
5. — Что вы делаете? Вы читаете комиксы?
— Мы изучаем русский язык.

Задание 6

1. читаешь; 2. слушаю; 3. изучаете; 4. работает; 5. понимаем, делают; 6. работаешь; 7. играет, слушаем; 8. отдыхаете; 9. делает; 10. знаю; 11. читает, думает; 12. понимаешь, работает

Урок 5

Задание 1

он/она обедает; мы обедаем; я обедаю; они обедают; вы обедаете; ты обедаешь
вы спрашиваете; я спрашиваю; он/она спрашивает; мы спрашиваем; они спрашивают; ты спрашиваешь
ты гуляешь; вы гуляете; я гуляю; мы гуляем; они гуляют; он/она гуляет

Задание 2

они завтракают; вы завтракаете;
ты завтракаешь; я завтракаю; мы завтракаем;
она завтракает
она ужинает; я ужинаю; вы ужинаете;
ты ужинаешь; они ужинают; мы ужинаем
она плавает; я плаваю; вы плаваете;
ты плаваешь; они плавают; мы плаваем
она изучают; я изучаю; вы изучаете;
ты изучаешь; они изучают; мы изучаем

Задание 4

1. плаваете; 2. завтракает; 3. ужинаем;
4. читаешь; 5. гуляют; 6. обедаем; 7. спрашиваю, делаете; 8. отвечаешь; 9. гуляем, работаем;
10. спрашиваю, отвечаете

Задание 5

ты помнишь; мы помним; они помнят; я помню;
вы помните; он/она помнит
мы смотрим; я смотрю; вы смотрите;
ты смотришь; они смотрят; он/она смотрит

Задание 6

вы говорите; она говорит; я говорю; они говорят; ты говоришь; мы говорим
он курит; они курят; мы курим; ты куришь;
я курю; вы курите

Задание 7

1. помню; 2. говоришь; 3. курят; 4. смотрите, смотрим; 5. помните; 6. курим, говорим;
7. говорите; 8. говорю

Задание 9

1. Мы изучаем русский язык.
2. Журналисты много спрашивают.
3. Клиенты ужинают, а официанты работают.
4. Туристы гуляют и смотрят город.
5. Робот работает, а мы отдыхаем.
6. Я не понимаю, что ты говоришь. (Ты не понимаешь, что я говорю.)

Урок 6

Задание 1

Это певица. Её зовут Адель.
Это президент. Его зовут Трамп.
Это актер. Его зовут Том Хиддлстон.
Это принц. Его зовут Гарри.

Задание 2

1. её; 2. её; 3. их; 4. вас; 5. меня; 6. тебя; 7. их;
8. вас

Задание 3

1. вас; 2. меня; 3. его; 4. тебя; 5. её; 6. её/её; 7. их;
8. вас; 9. меня, тебя; 10. его, его

Урок 7

Задание 1

1. любишь; 2. люблю; 3. любим; 4. любит;
5. любят; 6. любят; 7. любите

Задание 3

работать, ужинать, играть, отдыхать, завтракать, любить

Задание 5

1. понимаю; 2. помните; 3. помнишь; 4. понимаю;
5. помню; 6. понимает; 7. помню; 8. понимаю;
9. понимаю; 10. понимаю

Урок 8

Задание 1

-Ы: магазины, клиенты, сувениры, женщины, доллары, туристы
-И: собаки, сумки, матрёшки, банки, рубли, отели
-А: окна, слова

Задание 2

человек — люди;
ребёнок — дети;
город — города;
остров — острова;
дерево — деревья;
часы — часы;

доктор — доктора;
учитель — учителя;
дом — дома;
стул — стулья;
лес — леса;
деньги — деньги

Задание 3

1. Это журналисты. Они спрашивают. 2. Это актрисы. Они играют роль. 3. Это таксисты. Они отдыхают. 4. Это гиды. Они говорят. 5. Это профессора. Они читают. 6. Это студенты. Они слушают. 7. Это студентки. Они отвечают. 8. Это друзья. Они ужинают. 9. Это собаки. Они гуляют.

Задание 4

магазин, письмо, машина, стул, человек, книга, дом, музей, друг, остров, деньги, рубль, собака, ребёнок, турист, студентка, учитель, часы

Урок 9

Задание 1

У меня есть вопрос. У тебя есть деньги. У неё есть брат. У вас есть друзья. У него есть жена. У неё есть муж. У вас есть проблемы. У него есть работа. У тебя есть подруга. У нас есть время. У меня есть идея. У нас есть секреты.

Задание 3

1. у нас; 2. у неё; 3. у вас; 4. у него; 5. у кого; 6. у них; 7. у меня; 8. у вас; 9. у них; 10. у неё; 11. у него; 12. у нас; 13. у кого; 14. у тебя

Задание 4

1. Мы изучаем русский, потому что мы любим языки. 2. Я много говорю, потому что я учитель. 3. Мы много читаем, потому что мы студенты. 4. Я не отдыхаю, потому что я работаю день и ночь. 5. Мы всё знаем, потому что у нас есть Интернет.

Задание 5

1. Я много гуляю, потому что у меня есть собака. У меня есть собака, поэтому я много гуляю.
2. Я не курю, потому что я спортсменка. Я спортсменка, поэтому я не курю.
3. Я не ужинаю, потому что я модель. Я модель, поэтому я не ужинаю.

4. Я вас понимаю, потому что вы говорите по-русски. Вы говорите по-русски, поэтому я вас понимаю.
5. Я не работаю, потому что у меня есть всё. У меня есть всё, поэтому я не работаю.
6. Люди меня слушают, потому что я президент. Я президент, поэтому люди меня слушают.

Задание 8

1. тоже; 2. тоже; 3. тоже; 4. ещё; 5. ещё; 6. тоже; 7. ещё; 8. ещё; 9. тоже; 10. ещё, тоже

Урок 10

Задание 2

Чей это вопрос? Чья это сумка? Чьи это часы? Чья это машина? Чьи это деньги? Чья это идея? Чей это ребёнок? Чьё это вино? Чья это кредитка?

Задание 4

1. его; 2. наш; 3. не мои; 4. не ваша; 5. её; 6. твои

Задание 5

1. мой дом, мои друзья, моя семья, моя работа, моё дело, моя жизнь;
2. твой телефон, твоя визитка, твой адрес, твоё письмо, твои фотографии;
3. наша страна, наш город, наша культура, наши традиции, наше время, наша планета;
4. ваши документы, ваша виза, ваш багаж, ваше место, ваша гостиница;
5. его; 6. её; 7. их

Урок 11

Задание 2

1. дома; 2. в офисе, в метро; 3. в Голливуде;
4. на работе; 5. в центре; 6. в банке;
7. дома, в ресторане; 8. в университете

Задание 4

1. живёте, живу; 2. живут, живут; 3. живёт;
4. живут, живут; 5. живёшь, живу

Задание 5

2. Йоко живёт в Японии, в Осаке.
3. Они живут в Италии, в Милане.
4. Он живёт в Бразилии, в Рио.
5. Он живёт в Австрии, в Зальцбурге.
6. Он живёт во Франции, в Ницце.

7. Она живёт в Швейцарии, в Берне.
8. Он живёт в Норвегии, в Бергене.
9. Она живёт в Германии, в Берлине.

Задание 7

1. на углу; 2. на полу; 3. на мосту; 4. на берегу;
5. в аэропорту; 6. в углу; 7. в шкафу;
8. в саду

Задание 8

А) знаете, помните, живём в Санкт-Петербурге,
в России, работает в фирме, работаю
в зоопарке, в зоопарке живут, живут в лесу,
в зоопарке, работать, живу на работе, играет
на компьютере, думаю, живёт в Интернете,
работает, знаю, в Японии, в Африке,
в Австралии, работает, в Москве, в Америке,
в Азии, в Африке, живёт в Стокгольме,
в Швеции, дома, работает, в экспедиции

Урок 12

Задание 1 Б

— Привет! Как дела?
— Спасибо, отлично! А у тебя?
— Тоже хорошо!

— Привет, Ник! Как жизнь?
— Ужасно! У меня депрессия. А у тебя?
— Извини, у меня всё хорошо.

— Добрый вечер, Нина Михайловна!
— Здравствуйте, Андрей Викторович! Как у вас
дела?
— Спасибо, хорошо! А у вас?
— Спасибо, отлично! Вы знаете, я оптимистка!

Задание 3

1. Раньше мы говорили по-русски. 2. Раньше
люди жили хорошо. 3. Раньше Аляска была в
Америке. 4. Раньше всё было дорого. 5. Раньше
я не смотрел/а телевизор. 6. Раньше я много
думал/а. 7. Раньше я много читал/а. 8. Раньше
я не курил/а. 9. Раньше дети не работали.
10. Раньше я знал/а всё.

Урок 13

Задание 2

в университете; в кинотеатре; в офисе;
на уроке; на экзамене; в аптеке; в парке;
на острове; в лесу; в клинике; на западе;
в Интернете; в кафе; на сайте; в клубе;
на работе

Задание 3

на юге; в Сочи, в гостинице на море; в школе на
уроке; в театре на балете; в Петербурге,
в Эрмитаже на экскурсии; в банке на работе;
в парке, на улице; в магазине, на рынке;
в Мурманске, на севере; в офисе, в аэропорту;
на лекции в университете, в клубе на концерте

Задание 4

в школе на уроке; в театре на опере;
на экзамене в институте; на улице или в парке;
в ресторане на площади; в музее на экскурсии;
на работе в офисе; в Греции на море

Задание 5

1. на саксофоне; 2. в футбол; 3. в карты;
4. на гитаре; 5. в шахматы; 6. в гольф;
7. на пианино; 8. на флейте; 9. в хоккей;
10. в теннис

Задание 6 А

во что? — в футбол;   на чем? — на пианино;
во что? — в карты;   на чём? — на флейте
на чём? — на гитаре;   во что? — в теннис;
во что? — в шахматы; на чём? — на саксофоне

Задание 7

У меня в комнате. У нас в гараже. У них
в офисе. У неё в сумке. У него в сейфе. У меня
дома. У тебя на столе. У меня в телефоне.

Задание 8

у нас в городе; у них в Японии; у вас в Италии;
у нас в Петербурге; у них в Америке;
у нас в России; у вас в стране; у вас в городе

Урок 14

Задание 3

1. Можно матрёшку? 2. Можно ручку? 3. Можно
кофе? 4. Хотите розу? А можно ваш телефон?
5. Хочешь кофе? А можно воду? 6. Можно
сигарету?

Урок 16

Задание 2

Во сколько футбол? Когда тренировка?
Сколько времени?

Урок 17

Задание 1

я	устаю / даю / продаю / сдаю
ты	устаёшь / даёшь / продаёшь / сдаёшь
он/она	устаёт / даёт / продаёт / сдаёт
мы	устаём / даём / продаём / сдаём
вы	устаёте / даёте / продаёте / сдаёте
они	устают / дают / продают / сдают

Задание 2

1. Если клиент не даёт гарантии, банки не дают кредиты. 2. Когда студенты сдают экзамены, они очень устают. 3. Я фермер. Я встаю в 5, а когда ты встаёшь? 4. Мой муж каждый день устаёт на работе и дома только отдыхает. 5. Мы сдаём экзамены, а университет даёт дипломы. 6. Кто рано встаёт и вечером очень устаёт? 7. Музыканты встают поздно, потому что работают вечером. 8. Супермаркет продаёт продукты. 9. Я даю ответ «нет»!

Задание 3 Б

1. спишь; 2. спим; 3. сплю; 4. спит; 5. спишь; 6. спят; 7. спите

Задание 4 Б

1. готовим; 2. готовлю; 3. готовит; 4. готовите; 5. готовят; 6. готовить; 7. готовит

Урок 18

Задание 1

Какой город? Какая пицца? Какой отель? Какое кафе? Какой спорт?
Какие страны? Какой сайт? Какая погода? Какое слово? Какие фильмы?

Задание 2

красивый дом; красивая машина; красивое море; красивые люди
старый телефон; старая бабушка; старое вино; старые часы
русский язык; русская водка; русское слово; русские блины
хороший ужин; хорошая погода; хорошее кафе; хорошие друзья
большой город; большая страна; большое окно; большие пирамиды

Урок 19

Задание 3

спортивный, талантливый, культурный, контактный, центральный, экономический, политический, финансовый, исторический, классический

Задание 4

Оксфордский университет, афинский Акрополь, Женевское озеро, Китайская стена, нью-йоркская полиция, парижское кафе, венский шницель, папа римский, Миланский собор, лондонское метро, Дрезденская галерея, Каннский фестиваль

Урок 20

Задание 3

1. плохой, плохо; 2. ужасно, ужасная; 3. хорошие, хорошо; 4. дешёвая, дёшево; 5. красиво, красивые; 6. бесплатно, бесплатный; 7. тихий, тихо; 8. нормальный, нормально

Задание 4

1. говорить — громко, тихо, быстро, медленно, красиво
2. отдыхать — прекрасно, плохо, ужасно, активно
3. готовить — быстро, вкусно, ужасно, медленно
4. жить — скучно, красиво, нормально, активно

Задание 7

1. У меня есть хорошие друзья. 2. Недавно Дима был в кино. 3. У меня большой стресс в аэропорту. 4. Мы помним, что его зовут Миша. 5. У кого есть проблемы? 7. Я много работаю, потому что у меня маленькие дети. 8. У меня есть машина, и ещё у меня есть мотоцикл. 9. У вас есть мой адрес? 10. В Москве есть большие дома? 11. В Европе живут хорошие люди. 12. Сейчас я живу в Европе, а раньше я жил в Азии. 13. Мы очень любим русский. 14. Во сколько у нас самолёт? 15. Утром я встаю и делаю кофе. 16. Сейчас легко жить, а раньше было трудно. 17. Я изучаю русский каждый день. 18. Я думаю, глупо смотреть сериалы. 19. Ты хочешь есть? Я сейчас готовлю. 20. У тебя очень хорошая работа.

Урок 21

Задание 4

1. могут; 2. можете; 3. можешь; 4. могу; 5. можете;
6. могут; 7. может; 8. могу

Урок 22

Задание 1

Италия — итальянский — итальянцы
Франция — французский — французы
Германия — немецкий — немцы
Америка — английский — американцы
Испания — испанский — испанцы
Нидерланды — голландский — голландцы
Англия — английский — англичане
Китай — китайский — китайцы

Задание 3

1. итальянский язык, по-итальянски;
2. по-немецки, немецкий язык;
3. по-польски, по-польски (польский язык);
4. по-фински, финский язык;
5. по-китайски, китайский язык

Урок 23

Задание 2

1. пишут; 2. пишешь; 3. пишете; 4. пишу;
5 пишешь; 6. писал; 7. пишем

Задание 4

О ком? — о маме; О чём? — о еде; О чём? —
о фильмах
О чём? — о работе; О чём? — о проблемах;
О ком? — о клиентах
О чём? — о спорте; О чём? — о жизни; О чём? —
о моде
О ком? — о друзьях; О ком? — о людях;
О ком? — о детях

Задание 5

Дима мечтает о компьютере.
Оля мечтает о кошке.
Мама и папа мечтают о ребёнке.
Бабушка и дедушка мечтают о доме/даче.
Марина мечтает о море.
Станислав мечтает о гитаре.
Катя и Олег мечтают о свадьбе.
Артём мечтает о медали.

Задание 7

1. о них; 2. о вас, о ней; 3. обо мне; 4. о тебе;
5. о нём

Задание 8

о языке, об Италии, об Африке, о Японии,
об университете, о юге, об Украине, о Египте,
об отеле, об экономике

Задание 9

о школе, о девушках, о политике, о жизни,
о погоде, о футболе, о фильмах, о книгах,
об экономике, о Европе, об Америке,
о кризисе, о Германии, о мигрантах,
об экзаменах

Урок 24

Задание 2

Диалог 1

— Добрый вечер! Я очень хочу пить.
— У нас есть вода, кола, сок... Что вы хотите?
— Можно сначала воду, а потом кофе? Спасибо!

Диалог 2

— Привет! Хочешь есть?
— А можно?
— Если хочешь, у меня есть мясо, картошка
и салат.
— Извини, я не ем мясо. Можно просто
картошку и салат?

Диалог 3

— Здравствуйте! У вас есть борщ?
— Да, конечно.
— А он вкусный? Я ещё никогда не ел борщ.
— Правда?! Не может быть!
— Да, я первый раз в России. Можно борщ?
— А сметану?
— Сметану? А что это?.. Ладно, сметану тоже.
Люблю риск!

Задание 6

1. пью; 2. пьют; 3. пьют, пьют; 4. пьёт/пил; 5. пил;
6. пьёшь; 7. пьёте; 8. пьёт

Задание 9

1. едят; 2. едим; 3. ешь; 4. едим; 5. ели; 6. ест

Урок 25

Задание 1

зелёный, жёлтый, розовый, голубой,
красный, оранжевый, коричневый, серый,
чёрный, синий, белый, фиолетовый

Задание 3

1. большая собака, маленькую собаку;
2. русские сувениры, русскую матрёшку, эту
футболку;

3. новую работу, хорошая работа;
4. красивую фигуру, красивая фигура;
5. новые фильмы, новые фильмы;
6. ужасная фотография, красивую фотографию;
7. модную одежду, модная одежда;
8. хорошую комедию, интересная комедия

Задание 4

1. эту, эта, эту; 2. это, эту; 3. эти, это, эти; 4. это, это, это, эту, эта; 5. этот, это, этот; 6. это, эту, эта; 7. эту, эта, это; 8. эту, эта

Урок 26

Задание 4

1. В театре все носят красивую одежду.
2. Я ношу дорогой костюм, потому что я ищу хорошую работу.
3. Вы всегда носите тёмные очки?
4. Мальчик не может носить розовую шапку.
5. Дома мы носим старую одежду.
6. Почему ты не носишь новую футболку?
7. Настоящая женщина не носит джинсы.
8. Не только спортсмены носят спортивную одежду.
9. Где солдаты носят красивую форму?
10. Патриот не носит иностранную одежду.

Урок 27

Задание 1

консультация, эмиграция, операция, инвестиции, организация, информация, реакция, рекомендация

Задание 3

1. финансирует; 2. протестует; 3. инвестируете, гарантируем; 4. публикуют; 5. контролирую; 6. экспортирует, импортирует

Урок 28

Задание 1

в каком университете? в какой школе? в каком городе? на какой улице?
в каком кафе? в каких странах? в каком ресторане? на какой странице?

Задание 3

Мадагаскар в Индийском океане;
Арктика в Северном Ледовитом океане;
Куба в Атлантическом океане;
Великобритания в Атлантическом океане;
Занзибар в Индийском океане;
Полинезия в Тихом океане

Задание 6

в Советском Союзе; в коммунальной квартире; в нашей коммунальной квартире; в первой комнате, во второй, в третьей, в четвёртой; на большом заводе; в школе; в нашем длинном коридоре; в небольшой комнате; в самой большой комнате; в мебельном магазине; на кухне, грузинскую кухню; в душе, на аккордеоне; на центральном рынке; на работе, в футбол; в музее, в университетской библиотеке; в комнате; на скрипке; в каждой комнате, в центре, в мебельном магазине; о работе, о детях; на коммунальной кухне; в коммунальной квартире

Урок 29

Задание 1

Мы идём в кино. Он идёт в школу. Ты идёшь домой? Я иду на футбол. Они идут в клуб. Вы идёте в кафе?
Я еду на Байкал. Вы едете на Олимпиаду? Мы едем в аэропорт. Он едет в Москву. Они едут в экспедицию. Ты едешь в Африку?

Задание 2

Куда? — в Лондон; Где? — в Европе;
Куда? — в Испанию; Где? — на работе;
Куда? — на футбол; Где?— на экзамене;
Куда?— в горы; Куда? — на вечеринку;
Куда? — на Байкал; Где? — в Сибири;
Где ? — в Азии; Куда? — в Китай;
Куда? — на концерт; Где? — в Париже

Задание 3

1. едете; 2. идём; 3. иду; 4. едем на дачу; 5. идёшь на концерт; 6. еду в Австрию; 7. идут на улицу; 8. идёт в библиотеку; 9. идёт на экзамен; 10. едет в Россию; 11. идёт на улицу; 12. иду в университет; 13. едем в Таиланд; 14. идёте в клуб

Задание 4

1. Куда вы идёте? — Мы идём / я иду в музей на экскурсию.
2. Куда ты идёшь? — Я иду в университет на лекцию.

3. Куда он идёт? — Он идёт в банк на работу.
4. Куда они идут? — Они идут в офис на встречу.
5. Куда идут твои друзья? — Они идут в клуб на вечеринку.
6. Куда мы идём? — Мы идём в ресторан на день рождения.

Задание 5

1. Куда ты едешь? — Я еду в Японию в Осаку.
2. Куда вы едете? — Мы едем / я еду во Францию на экскурсию.
3. Куда мы едем? — Мы едем на юг на море.
4. Куда он едет? — Он едет на север на работу.
5. Куда они едут? — Они едут в Женеву на конференцию.
6. Куда она едет? — Она едет в Италию на шопинг.

Задание 6

едут на автобусе домой, едет на велосипеде в библиотеку, едут на поезде / в поезде в Париж, идут в Макдоналдс пешком, едут на машине на футбол, едут на мотоцикле в клуб, едет на такси в кино, идет пешком на пляж

Задание 7

1. в СПб.; 2. в М.; 3. в М.; 4. в СПб.; 5. в СПб.; 6. в СПб.; 7. в М.; 8. в СПб.

Задание 8

Тур в Россию
они едут в Москву; идут на Красную площадь, идут в кафе, идут в Большой театр; идут в музей, идут гулять, едут в Санкт-Петербург; едут/идут в отель, идут/едут в Эрмитаж, идут гулять; идут/едут в Русский музей, идут в Мариинский театр; едут в Петергоф, идут на фолк-шоу; идут гулять в центр, идут в русскую баню; едут в аэропорт.

Урок 30

Задание 1

А) Она часто ходит в театр. Я редко хожу в кино. Мы иногда ходим в ресторан. Ты ходишь в фитнес-клуб? Вы каждый день ходите на работу? Бабушки никогда не ходят на дискотеку. Я люблю ходить в театр.

Б) Он часто ездит в Россию. Туристы любят ездить на море. Мы иногда ездим в Италию. Вы часто ездите на машине? Кто ездит на метро? Я никогда не езжу на красный свет. В Европе министры ездят на велосипеде.

Задание 2

Кевин изучает китайский язык и часто ездит в Китай. Маргарет изучает испанский язык и часто ездит в Испанию. Роберт изучает французский язык и часто ездит во Францию. Томас изучает русский язык и часто ездит в Россию. Лаура изучает английский язык и часто ездит в Великобританию (в Америку, в Австралию). Ахмет изучает немецкий язык и часто ездит в Германию.

Задание 3

1. хожу; 2. ездите; 3. ходим; 4. ездит; 5. ходите; 6. ходишь; 7. ездишь; 8. ходят; 9. езжу; 10. ходит; 11. ездим; 12. ездят

Задание 4 А

Вчера я не ходил на работу. Кто ездил в Японию? Мы ходили в школу. Никто не ездил в Арктику. Вы ездили в Исландию? Мы ходили в клуб. Я ходил в банк. Марко Поло ездил в Китай.

Задание 4 Б

Я был в Сибири. Она была в музее. Он ходил на работу. Мы были в Риме. Они были на концерте. Он ходил (ездил) домой. Вы ездили в Мексику? Она ездила на Байкал.

Задание 5

А) — Привет! Куда ты идёшь?
— Я иду в бассейн. Я каждую субботу хожу в бассейн.
— Я тоже хочу ходить в бассейн!

Б) — Здравствуй, Аня! Куда ты сейчас идёшь?
— Я иду в клуб.
— А я думала, что ты вчера ходила в клуб.
— Да, вчера тоже ходила. Я хожу в клуб каждый вечер. Я там работаю.

Задание 6

— Здравствуйте, Ольга Петровна!
— Здравствуйте!
— Куда вы летом едете (ездили) отдыхать?
— В этом году мы едем (ездили) на Филиппины.
— Правда?! Как интересно! А куда вы ездили в прошлом году?
— Мы ездили в Италию.
— А мы каждый год ездим на Чёрное море.

Задание 7

1. ездим; 2. ходишь; 3. ездят; 4. ездим; 5. ехать; 6. ездил/а; 7. ходит; 8. хожу; 9. ездить; 10. идём;

11. ездите; 12. ходят; 13. иду; 14. езжу; 15. ходим; 16. идти; 17. иду

Задание 8

1. Где ты живёшь? Куда ты едешь?
2. Я живу здесь. Друзья идут сюда.
3. Игорь едет домой. Ольга уже дома.
4. Что ты там делаешь? Я не хочу туда идти.
5. Я иду домой. Вчера я тоже был дома.
6. Где он был? Куда он идёт?
7. Раньше я жил там. Сейчас я еду туда.
8. Кто сюда идёт? Что вы хотите здесь делать?
9. Я сегодня дома, потому что не знаю куда идти.
10. Обычно туристы не ездят сюда, потому что здесь опасно!

Задание 11

1. удача; 2. пробки; 3. парковку; 4. пешком; 5. чистая; 6. дороги; 7. дирижёр; 8. летает; 9. велосипед; 10. наоборот

Источники иллюстраций

http://games-of-thrones.ru/sites/default/files/pictures/all/Alina/14.jpg
https://media.publika.md/ru/image/201610/full/adele_83970200.jpg
https://media.publika.md/ru/image/201610/full/adele_83970200.jpg
http://kotello.ru/wp-content/uploads/2015/09/koshki-i-deti-kotello.ru-001-768x511.jpg
https://img1.goodfon.ru/original/1440x900/5/4b/devushka-radost-vostorg-7519.jpg
http://s1.1zoom.me/b5050/547/Dogs_Husky_Brown_haired_Smile_Sitting_520262_3840x2400.jpg
https://tyatya.ru/upfiles/images/16-10/1476613579-1.jpg
https://docteurbonnebouffe.com/wp-content/uploads/2014/08/strategie-des-restaurants-pour-nous-faire-
    consommer-plus.jpg
https://my.datasphere.com/files/mydatasphere/business/logo/0215/1424647002_ASBC%20LOGO.png
https://berto.me/files/world-of-warcraft-map-pnf-me-within-bolivia-on-astroinstitute-org-throughout.jpg
http://belsat.eu/wp-content/uploads/2016/07/Non-traditional-Student-35660893-WavebreakmediaMicro.jpg
https://www.beekmanschool.org/sites/default/files/field/image/10410962_xxl_0.jpg
http://www.gogetnews.info/uploads/posts/2016-09/1472977538_tom-hiddlston-nazval-rol-svoey-mechty.jpg
https://yandex.ru/images/search?p=3&text=%D0%BF%D1%80%D0%BE%D1%85%D0%BE%D0%B4%D1%8F
    %D1%82%20%D0%B2%20%D1%81%D0%B0%D0%BC%D0%BE%D0%BB%D0%B5%D1%82&pos=155&rpt=simage&i
    mg_url=https%3A%2F%2Fi.sunhome.ru%2Fjournal%2F81%2Fsamolet-i-varikoz-v2.orig.jpg
https://www.restoclub.ru/uploads/postimage_thumbnail_inbody/f/1/f/1/f1f1c58a259854d1e8bc8653c1201197.jpg
https://files2.geometria.ru/pics/original/057/070/57070165.jpg
http://wlooks.ru/images/article/orig/2018/02/pravila-povedeniya-v-obshchestvennom-transporte-10.jpg
https://www.marinecatering.com/wp-content/uploads/2014/06/Depositphotos_19064977_m.jpg?w=640
https://volyn.com.ua/content/thumbs/1500x1000/s/nz/us2ptv-3x0-993x662-hpnzqkotqz5nsafo3klfkpuk3a42rnzs.
    jpg
http://gofit.com.vn/wp-content/uploads/2016/08/84tp4otj52ahg3js81vp.jpg
http://s.mediasole.ru/images/724/724234/IMG_4550-1300x867.jpg
http://iq-provision.ru/wp-content/uploads/2016/08/strategiya-marketingovoj-deyatelnosti-1152x759.jpg
https://cdn1.vectorstock.com/i/1000x1000/27/25/shanghai-china-travel-background-vector-13222725.jpg
https://cdn.images.dietbet.com/files/games/images/original/75414_original_cropped_20100.jpg
http://doloykurit.ru/wp-content/uploads/2017/03/razvitie-golosa.jpg
http://fobia.su/wp-content/uploads/2018/07/gray20shirt20whisper.jpg
https://psihter.ru/wp-content/uploads/2017/12/148694_or.jpg
http://izumrudik75.ru/assets/images/iyul/tort-23-iyulya.jpg
https://happyfreedom.ru/sites/default/files/files/styles/post_cover/public/images/imgfield_article_cover/kak_
    snyat_napryazhenie.jpg?itok=_rCH7oBf
https://ratatum.com/wp-content/uploads/2017/08/mohawk_girl___digital_painting_by_sugarhightyrant.jpg
http://infosustav.ru/wp-content/uploads/2015/11/pain_in_the_knee_1.jpg
http://vrassabina.ru/wp-content/uploads/2018/08/eb776206687cece755d89451ca19518d.jpg